本の透視図

その過去と未来

菅原孝雄

国書刊行会

目次＊本の透視図

第2部　電脳空間の本――コンピュータの中の本の登場

書物は内容とその容れ物であるだけでなく、そこを出発点としてすべてを見、語り、決定することさえできる《広角》の役割を果たしてきました。書物は目的地であると同時に出発点であり、世界の眺めであり、世界の終わりでもあります。

（ウンベルト・エーコの対話より）

■はじめに——紙の本は消えるか

本が消える——というと、二十一世紀初頭の読者でさえ、悪い冗談だと思った。もう何百年もつづいた本が滅びるはずはない、だいたい本が日常から姿を消した光景など、想像することさえできなかった。

まさかと信じなかったのは、一般の人はもちろん、読書人や出版人から、学者や研究者、作家や評論家まで、幅広い知識層に多かった。歴史の記録、文化の象徴である本が消えれば、伝統も歴史も消滅すると考える文化人、本がなくては生きられないインテリと呼ばれる人たちである。

もっと正確にいうと、彼らの脳裏には、本が消えるという考えの一片も浮かばなかった。それほど書籍の存在は、長い間、人々の生活と意識にたしかな存在感で根を張っていた。

ところがそれからわずか十年、様相はがらりと変わった。

本が消えていく現象が、次第にくっきりした姿を見せ始めたのだ。以前はガラスの破片のような情報が現れては消えていたが、二〇一〇年になって、本に興味と関係を持つ人々の脳裏に現実感のある鏡像を結び始めたのである。

本が消える発端期の様子は、本書の第16章や第20章で具体的に書いたのであとで詳しく見ていただける。ここでは直近のアウトラインだけにして、三つのフェーズで展開した変化をごく簡単に書いておこう。

そのまえに前史として「紙が消える日」にも一応、触れておくべきだろう。

本が消える話題の数年前、しばらく紙が消える現象が人々の口頭にのぼっていた。一九七〇年代、まだパーソナル・コンピュータがビジネスや一般生活の場面に登場する前、孔を穿った紙テープで制御する自動織機の原理が、印刷の植字などに応用され始めた時期に当たる。

主な要因にはアラブ諸国の産油国に端を発した石油不足による価格の高騰、当時のことばではオイル・ショックといわれるものがあり、他方では植物資源の枯渇と保護があった。当時、出版社で働いていたが、キログラム単位で購入する紙の価格が数か月単位で上昇していた。一般生活のレベルではトイレットペーパーが枯渇し、主婦たちが買い占めに走っていた。

デザインの現場でも、コンピュータに類似した大型の画像作成システムがイギリスから輸入され、デザイナーたちは興味を示し始めた。パレットや筆がつき、モニター上に単純な絵が描けた。ただし一セット数百万円だったせいで、輸入当時、二、三台程度しか売れていなかった。この時期に「紙が消える日」が口にされていた。

本が消える第一期は一九九〇年初頭、パーソナル・コンピュータが一般に普及し始め、やがてインターネットも使われはじめる時期だった。この段階でパーソナル・コンピュータを電子ブック・リーダーとした海外や国内の電子ブックが登場している。

第二期はそれから十年たった二〇〇〇年初頭。すでにパーソナル・コンピュータもインターネットもかなり普及した時期で、某全国紙が「電子ブック元年」と書き立てた。多機能化した携帯電話が急速に普及したことが加わり、ケータイで本やコミックを読む人々が増加したことを指していた。

第三期に当たる二〇一〇年、これまでの事態をはるかに超えた本の変貌と消滅が実感できるようになった。お先走りの新聞はふたたび「電子ブック元年」と喧伝したが、本を取り巻く環境の激変から、この決まり文句も的を射そうな様相をおび始める。

まるで定規で測ったように、整然と変化しているかに見えるが、もちろん変化の境界は混ざり合っている。本書は、そうした本の変貌がなぜ身近に起きてきたのか、どのような意味と背景を持っているのかなどを多面的に取りまとめた。

それも近代の本が出現したイタリア・ルネサンス期を中心にしながら、コンピュータ時代に突入するまでの具体的な事例や必然性を記述している。

いまどき、どうしてルネサンスなどという遠い時代を持ち出すのか？

近代の本の始まりまでさかのぼらないと、いまなぜ本が存亡の危機に直面しているかわかりにくいからである。同時に書籍の持つ重要性、誰もがあたりまえと思いがちな本の意味をしっかりと再確認しておきたいからである。目のまえの見慣れない現象にあわてて、収拾のつかないコメントをくりかえしても仕方がない。

歴史上の具体例と詳細は本文の各章に譲るが、ここでは導入部としてもっと直近の微視的な変化から触れていこう。なぜ本が消える現象が、最近になって際立っているのか。変化を取り巻く近因には何があるのか。本書を読むまえの予備知識、あるいはよく知られた事実を簡単に要約しておこう。

まずあげておきたい要因は、陳腐ないいかただが、当時よく口にされ、出版界を震撼させた「黒船の到来」である。

周知のように、二〇〇八年のアマゾン「キンドル」(Kindle)、二〇一〇年のアップル「アイパッド」(iPad)という画期的な電子ブック・リーダーの登場だった。二〇〇九年にアメリカ市場で復活したソニー製品「ポケット版」(Pocket Edition)「デイリー版」(Daily Edition)「タッチ版」(Touch Edition)、それに「アイパッド」の前身「アイフォーン」(iPhone)、バーンズ&ノーブル(全米最大の書籍小売店)の「ヌーク」(Nuke)も加えていい。

二〇一〇年末になると、国産の電子ブック・リーダーもあわてて跡を追った。後発組に強いて触れないのは、後発参入品にはどこかオリジナリティが欠け、新たに登場する機器の特性を見極めるには、あえて触れる必要もないからである。それに対し、上記の製品がコンセプトも技術も群を抜き、完成度もそこそこに高かった。

それまでデジタル化したテキストやイラストを読むリーダーは、二〜三十年まえから日本も含め、実に多種多様な製品が提供された。二〇一〇年代前半の段階でさえ、一般の読者にほとんど知られないガジェットが出ている。

たとえばブラザー工業の「ブラザードキュメントビューワ」、富士通フロンテックの「フレピア」(FLEPia)、欧州の電子機器会社フィリップスのスピンアウト組アイレックス社の「イリアド」(iLiad)など、後発組の新顔が日本で容易に入手できた。

ブラザー工業や富士通といった大手メーカーによる国産品には、キンドルや現行パーソナル・コンピュータの影響が濃く、アイレックス社の欧州組製品は、アメリカで発売されているソニーのデザインにきわめてよく似ている。それだけオリジナリティには欠け、後追いの印象が強かった。

いっぽう、前記アメリカ発のアマゾン、ソニー（アメリカ）、アップルの三製品は、従来型、追随型の電子ブック・リーダーと大きく一線を画していた。それゆえにこそ意想外な黒船になりえたのだった。

では、従来型とどこがちがっていたのか。

三社ともパーソナル・コンピュータ機能からの脱却、紙媒体感覚の温存、電子インク技術、超精細表示のディスプレー、豊富なコンテンツ、独自のファイル形式、コンテンツ入手の通信機能など、既存のパーソナル・コンピュータを含めた数々の電子ブック・リーダーを徹底して凌駕しようとする姿勢があった。

日本市場で先行したソニーのオリジナル「リブリエ」（Librie）だけが、ほぼ似たような試みだったが、黒船到来まえにあっさり撤退し、国内から消えた。以降は、ソニーらしいシャープなデザインを残しながら、アメリカ市場の一角に先駆けて再浮上を図ってきた。

もうひとつは、やはりアメリカのグーグル（Google）が着々と進めた「グーグル・ライブラリ計画」（Google Library Project）の波だった。二〇一〇年末の段階で、世界中の書をデジタル化して提供する壮大な計画が着々と進み、日本の出版社、書店、著者などにとって脅威の的になっていた。

ただしグーグルの計画ではっきりしているのは、あくまでも「ライブラリ・プロジェクト」である。つまり一種の図書館として、全世界の書籍データをデジタル化し、グーグルの巨大サーバーに保存し、一部(無料)ないし全部(有料)を公開しようとした。

そのデジタルデータは、電子ブックとして読書するには、表現力が質的に劣っている。既存の紙の本のページを機械的にコピーしただけのものだから、本として読めはするが、画面がかなり粗雑な事例がある。しかも読み取るリーダーは、基本的にコンピュータ中心だから、有料でありながら、読書環境としてはキンドルやアイパッドに劣っている。

どちらかといえば、デジタルデータの書庫として、読書の対象である電子ブックというより参考文献とみなしたがいい。だから本書ではこれ以上、詳しくは触れなかった。

いずれ、電子ブックに興味を寄せ、機器メーカーや海外の動向に煽られるかたちで右往左往をくりかえした出版業界は、先行するアメリカの徹底ぶりに足元を掬われる恐怖を覚えたにちがいない。

なぜ周章狼狽の醜態を見せたのか。電子ブックというソフトウエアの革新性が内包している別の大きな理由があった。それは従来から出版業界が培ってきた体制を一気に瓦解させるパワーを秘めていたからである。

出版社自体はまだいい。その周辺で出版業そのものを支えた書店・取次店の流通業界、加工・素材分野を担った印刷・製本・用紙業界などが、最終的に無用になって業界からはじき出される。少しまえ、音楽のネット配信が音楽CDや専門ショップの衰退や撤退を招いたのと同じ悪夢である。

一方で米国の書籍売り上げは、二〇〇九年一・八％減の二三九億ドル（約二兆二〇〇〇億円）だったが、電子書籍は三倍増の三億一三〇〇ドルとなった、電子書籍の売り上げは、数年後には書籍市場全体の二〇〜二五％に届くと聞けば、それはそれで落ち着いてはいられない。

それ以上にもしアマゾンやグーグルやアップルが、本の原作者である著者個人と直に取引したら……。既存の出版社自体さえ無用な存在になってしまう。


振り返ってみると、出版業界はこれまで企画編集・製造・販売の三位一体が強力なタッグマッチを組んで成長してきた。明治時代に西欧式の製紙、出版、印刷技術が導入されて以来、世界規模でいい換えれば、十五世紀末から十六世紀初頭のイタリア・ヴェネツィアを基点にした五百年の出版史以来、延々と培われた体制である。

その特徴は、本が誕生した時点から、さらに十九世紀の産業革命時代をへて拍車をかけ、大量生産、大量販売、大量消費を目指してきた。まるで生活必需品としてTシャツや炭酸飲料のように大量に生産され、大量に販売され、大量に消費された。

だが、もしかすると数百年もまえからつづいたその成長路線が、終わりを迎えるのかもしれない。

いまになって心ある関係者は、成長・拡大路線こそ、みずからの体内に育ってきた病巣だと気付いたのではないか。

おりしも黒船到来を側面から煽ったのは、出版物（書籍・雑誌）の売り上げが一九九六年の二兆六五六三億円から下降し、二〇〇九年になってついに二兆円割れをしたという情報だった（出版科学研究所）。これはピーク時から三〇％の減少になり、狼少年のジャーナリズムにとって、好都合なニュースになった。

一九九六年の高値から二兆円のラインを切ったという事実は、株価の心理ラインのように、大きなショックだったかもしれない。区切りのいい数字が、関係者を脅かす材料になってしまった。

本文を読めばわかるが、十六世紀に始まる近代型書籍は、当初からコストを抑えた量産を暗黙の目標にしていた。そのとき以来の目標が、雑誌の創刊ブーム、文庫版や新書版の創刊ブームなどを経ながら、二十一世紀になってやっと終着点にたどり着きつつある。

しかも新たな電子ブック・リーダーは、もし生産者である出版社ないし著者が望めば、いくらでも書籍を呑み込み、低コストで吐き出すことができる。紙も印刷機も倉庫も書店もなくてすみ、かつて紙やインクや運送業者に支えられた本の大量生産を一気に飛び越そうとしている。並みの量産など、太刀打ちできない状況に至りつつあるのだ。

多品種・大量生産のほころびは、そのまえに販売分野の末端でも前兆を見せていた。微視的に見ると、一例は書店の様子にうかがえる。かつて大都市圏に拠点を持った大型書店が徐々に全国展開し、地元密着の老舗書店、小型書店は放逐された。

当時、京都大学前の老舗書店が閉鎖したことが、新聞のニュースになった。学生にとって必需品である学術書・専門書が急速に売れなくなった結果を象徴的に物語っていたのだ。

二〇〇〇年には、約二万二千店あった書店が、二〇一〇年には約一万五千店に減少していた。倒産件数でいえば、二〇〇一〜二〇〇五年間に一一五件、二〇〇六〜二〇一〇年間に一八三件と増加している（アルメディア調べ）。

これと平行して大型店の店数が下落傾向に入りつつあった。全国規模で展開してきた大規模書店が、すこしずつ地方都市で店舗閉鎖の撤退を見せ始めていた。アメリカでは、最大手のバーンズ&ノーブルに次ぐ書店チェーンのボーダーズ・グループが、二〇一〇年に倒産している。

大型書店の店頭には、たとえば娯楽系や話題系や実用系の売れ筋新刊本、文庫・新書の廉価本、読み捨て用の雑誌群が山積みになっている。スーパー・マーケットの売り場に似て、高品質の高価な贅沢品は隅に追われ、影が薄い。大量消費者をねらいながら、結果として無節操で、にぎやかな量販店や安売り店と化した。

気が付けば、さらに商品の価値を貶める病気を併発していた。雨後に生える奇妙な菌類に似た「リサイクル・ブックストア」、片仮名で書けばもっともらしいが、実態はけばけばしい新古書量販店の出現である。

新刊本の安売り、新古書はそれまで密かに流通していたが、せいぜい新刊の七掛け（版元の卸値）まで、書棚に整列した真新しい本がわずか一〇〇円といった大根の投げ売り状態ではなかった。出版社や著者がその姿を見た当初、驚愕と悲しさに襲われただろう。

本を「大根や魚のように」（新古書量販店経営者）扱う新古書店は、本の内容などどうでもいい。栄養価は別にして、カバーの汚れを拭き、小口を紙やすりで磨き、見映えだけをよくして、新鮮な大根や魚に見立てて売る。

この新ビジネスは、自転車操業で膨らんだ出版社の富栄養価（生産過剰）に依存する宿木に似ていた。

予想外のできごとに困惑した出版業界（書店も含めて）は、病巣を切除するため外部の大手企業の手を借り、取り込み作戦に転じた。その最たるものは、屈指の伝統を誇る書店の丸善と印刷分野で長い歴史を持つ最大手の大日本印刷による。

後者は印刷技術をもとに、半導体や液晶技術にも進出していた。プリンティングは電子技術にも欠かせないからである。同時に出版との深い関係を持った印刷最大手だけに、出版業界の混迷、書店の不振を見過ごすわけにはいかない。あわよくば、電子ブックを取りまとめ、ディストリビューションの中核にのし上がろうとしていた。

旧来の紙の本も最新の電子の本も、一挙に両側から面倒みようというのだ。頼もしい限りだが、出版関係のほぼすべてが、大手とはいえ、出版も販売も一介の印刷会社の傘下に抱え込まれてしまった危うい印象である。

出版の主体性、思想の自由は守られるのか。それとも出版は、すでに主体性や思想や自由といった古い観念と無縁の立場に遁走したのか、追いやられたのか。

もともと出版業界自体が、規模の小さい企業体の寄せ集めである。その総体をまとめてみても、日本の産業を代表するような大手企業にははるかに及ばない。吹けば飛ぶような規模と体質だったし、思想表現の主体性を確保するために、これまでほとんどが株式会社として証券市場に上場することさえ差し控えた。

しかも新古書量販店の安売りを排除するといっても、基本的には出版サイドの大量生産が必然的に本を腐らせ、本の価値を引き下げたのにすぎない。取りあえずの対症療法だったのではないか。

大量生産がたどり着く終局、螺旋状に下降する渦から早々に立ち直ることはできない。本の価値をわずか百円や一円に貶めたのは、出版社自身であった。生活必需品とはややちがう本だが、価格が極度に安ければ、まあ暇つぶしに買ってもいいかという程度に貶めてしまった。

ネットショップのアマゾンでは、価格一円の本が大量に流通し、簡単に入手できる。そこには、一般の読者には見当もつかないからくりと出版の低迷がある。はっきりしているのは、正常な生産も配送も消費もなく、歪められた影の領域に落ちた本の姿である。

もっともこの奇妙な経済的停滞は、出版業界だけに限らなかった。

一九九〇年から二〇一〇年にかけての日本経済は、バブル崩壊、ＩＴ不況、市場主義、経済格差の拡大、広告費削減など、「失われた二十年」である。加えて二〇〇八年、アメリカを発端にしたクレジット・クランチ（リーマン・ショック）の渦中に呑まれ、デフレ経済の渦巻きに喘ぐ状況に陥った。

二〇一〇年でさえ、アメリカ、イギリス、EU、日本の自由主義経済は、国による金融支援、過大な赤字国債、シャドー・エコノミーという仮構の浮橋に危うく支えられて漂い、中国、インドなどの後発大国は、急激な経済成長のバブルに踊っていた。どちらも実質経済を離れた虚しさの点では変わりない。

出版業界自体、ここ何十年も、若者の活字離れ、委託販売による流通、書店の大型化、小売書店数の減少、宿命的な自転車操業、新古書店の拡大、価格デフレ、デジタル・メディアの普及、少子化など、いく度も耳にした決まり文句にそのつど苦しめられていた。

いってしまえば、出版業も世界経済疲弊の渦中にあっただけである。昔から出版は不況に強いといわれてきたのに、その定説も通用しなかった。旧来の定説が通用しなくなる潮目こそ、本来の「時代の転換期」である。

一方、デフレ不況といわれる元凶と重なるように、かつてなかったインターネットという新技術がニューメディアとして社会に広がったからである。

とりわけ国民ひとり一台を超えた携帯電話が、コンピュータとともに情報化社会の担い手として出版物をマーケットから追い落としていった。本や雑誌や新聞が提供していた文字による情報が、無料ないし安価な情報として手軽な機器で入手できるからである。

出版物が提供していた文字は、単に情報伝達だけではなかった。しごく単純で日常的な外的事実を伝える以外に、古くから文化や思想と呼ばれた知識や思考や感動や発見の領域が出版物には含まれていた。不況と重なるように、コンピュータや携帯電話のユーザーたちは、これらの文字に無関心になり、見捨てていった。

のちの章で触れる思考道具系、知的生産系、感覚刺激系などといった文字で構成された出版物が無視され、いよいよ本が売れない現象を増幅していったのである。

といって、売れない本に残された出版のもう一面を表現した「文化」が、出版物の回復を担う役割を新たに果たすことができるだろうか。

「文化」ということばを改めて日本国民の意識に焼き付けたのは、太平洋戦争の敗戦後、戦後復興に入るときに採用された国家的スローガンだった。戦争に使われた武器弾薬に代わるものとして持ち替えられたのが文化である。

戦後教育の第一期生だったわたしは、当時はもちろん成長してもほとんど意識しなかったが、国家再興のスローガンは「文化国家」であったのをうすうす肌で感じていた。戦前の軍国主義自体を実感として知らないからむりもないけれど、男女生徒の差別、運動会での等級付け、卒業時の優等賞などといった全体的な差別化が消滅した程度は憶えている。

文化のせいかどうかわからないが、敗戦直後の一時期、読む本が足りなくて、数少ない出版物を人々がむさぼり読んだ様子をあとになって聞いた。小学生のすでに半ば過ぎには子供向け新刊雑誌などを定期購読し、図書室には本があったから、きっと本不足は物資窮乏の短い期間だったろう。

のちになって敗戦直後の出版物を見ると、粗悪な用紙を用いた粗製乱造の氾濫だった。荷風散人の『四畳半襖の下張』など、類似した版がどれだけ出まわっていたことか。わたしの手もとにさえ、そのうちの数種類がのちに集まっていた。文化国家あるいは文化好き国民は、あっという間に文化の本領を発揮していたのだ。

つまり、文化ということばは、どこか安っぽいニュアンスを内包していた。戦後日本が貧しい生活を抜け出す時代に流行った文化生活や文化住宅は、安直な模倣の意味があった。人々の視線は日本を占領したアメリカの生活様式にあこがれ、そのまねごとに走ったのだ。おそらく薄っぺらなアメリカの模倣あるいは押し付けが、文化だったのだろう。

出版も文化事業といわれて久しい。昔から製紙業界や印刷業界が、紙の使用量は文化のバロメータとよく口にした。紙が文化というのではない。紙が使用される量が多いほど、紙に印刷する出版やジャーナリズムなどが賑わいを見せ、文化が華やかに隆盛するといいたいのだ。

大概の場合、表向きの文化とは、物質文明の上に浮遊する安っぽいイメージをまとっていた。第二次大戦後の日本が、アメリカの物質文明、機械文明を追い求め、古くからの日本文化を否定する姿勢が先行していた。

それだけ軽い文化だから、ただ利用されるまがいものでもあった。ことあれば文化人が呼び出され、役に立たない意見を述べるのに似ている。芸術などの分野で功績を残した老人には、文化勲章が捧げられる。功労者として讃えるには、遅すぎるショーであり、文化は往々にしてカビの生えた時代遅れだった。

その軽重は別にして、ここでいう文化に内包されるものを、二〇〇八年の先進国を席捲した不況の主役、あるいはフリードマンのシカゴ学派が重視した「強欲」（グリード）の対極に位置する精神として考え直してみたい。日本でいえば、敗戦後の日本人が食べ物を手に入れ、少しでも生活を楽にするために注いだ原動力、物欲の対極である。

人の強欲が、敗戦直後に物質の豊かさだけを追い求め、現在では高速の情報処理、リスクヘッジをはじき出すコンピュータ・プログラムを駆使し、仮構のビジネスを構築したのに似ている。ことばや絵画や音楽による仮構の世界を築いたのは、強欲の対極にある「敬虔」である。

一例としていえば、近代の本が始まったイタリア、フィレンツェの修道院に「受胎告知」を残したフラ・アンジェリコの敬虔であろうか。

後年になって、まだ二十歳の詩人リルケが「打ち震えることばで、みずからの卑しさを告白する」と書き、「控えめな清浄さをもって枝を伸ばし、花を開き」と書いたあのフラ・アンジェリコの絵画の清浄な敬虔である。

密やかで透徹した人の心だけに許されたこの清浄や敬虔、出版文化はそれを文化の奥深くに秘めておくべきではなかったか。それも飽食に肥えた宗教者がよく口にする敬虔ではない。独房のような狭い部屋で鍛え上げた、燃える氷にも匹敵する敬虔である。

のちにルネサンスを導いたイタリアは、古いギリシャやローマの文化を再興し、新たな書籍として誕生させた。その中からルネサンス文化を創造する役割に出版業は沸き立っていた。人々は豊かなギリシャの文化を取り込んで、みずからのことばラテン語による文化を創るのに心を躍らせ、知に対する敬虔な欲求に燃えていた。

しかし文化のすべてが、その道をたどったのではない。本が量産体制に歩を進めるにしたがって、一挙に世俗に走り、昼寝や一服の煙草の楽しみや気のきいた批評といった領域を広げていった。おりしも人間復興のルネサンス期、強欲がすぐにそのさ中から顔をのぞかせる。

活字の文字を油性インクで紙に刷り、仮綴本の未完の姿でイタリアからヨーロッパへ広がった近代本の五百年史は、控えめな敬虔や清浄を唯一のよりどころにする本を中核にしながら、さまざまな欲望や夢や情報や技術や知識を繰り広げた本として増殖していった。

あらゆる方向へ翼を広げた多種多様な本の群れについては、本書第1部で具体的に記述した。それぞれの事例が、恣意的で趣味的な選択と思われるかもしれない。わたしが知りえた事例から焦点を絞り、狭い知見から現在の量販書籍の典型を例示したつもりである。

敬虔な人の心の周辺に、むしろそれに反する本の群れが増えるのは、第一に人の欲望や感覚が増殖・拡散・深化するのに応じたこと、第二に知識を含めた情報への需要が高まったのに応じたためである。

あふれかえる現在の本のほとんどは、感覚を刺激し、気休めに誘い、上辺の情報を大量に供給する目的のものが多い。

このような書籍群は、もし紙と印刷と流通のコストを削って、量販の弊害を免れたいなら、即座にデジタル化したメディアとして電子ブック・リーダーに身を任せたがいい。出版社や著者の心いくまで、このガジェットは電子ブックや雑誌や新聞を呑み込んでくれる。特別に紙である理由がないから、価格も抑えられ、資源や流通や時間の節減にもなる。

しかし、紙や印刷や輸送や小売の人々を犠牲にしろというのだろうか。デジタル化による副作用は、そこまで及ぶ可能性は高い。蒸気機関車や自動車などの内燃機関が普及したとき、馬車や御者が消えていく運命にあったのと似ているのである。

デジタル化への急速な展開がもたらす弊害や抵抗は、さまざまな分野から予想される。出版関連事業の大多数、たとえば取次業界、書店業界、印刷業界、製紙業界、製本業界の多くが、群小の出版社より規模の点で勝っている。小さな出版社であれば、咽喉元を抑えられ、支援を受け、あるいは大きな出版社であれば、資本などの提携で結びついていることが多い。

出版社が自由に動こうとしても、足かせは容易にはずしにくい。しかし長期的に見れば、それほど悲観的ではない。

「科学は社会の中に埋め込まれた開放系である」という科学者イリヤ・プリゴジン（『確実性の終焉』）にならうと、社会と結びついた緊密なフィードバック・ループによって、科学はかならず新技術を生み出す。コンピュータの変形である電子ブック・リーダーも、新技術あるいはその応用として、着実に生活を変え、人々の心を捉えていくことに変わりない。

同時に必ずしも悲観的である必要がないのは、紙の本が閲してきた五百年という歴史の重みである。この時間の集積は、科学がいくら新しい技術を生み出しても、そう簡単に破棄できるものではない。書籍はルネサンスの発生当時から一番使いやすいツールであり、究極のメディアであった。

だからこそ、紙の書籍こそ、今後も延々とつづく本の原型であり、永遠の姿ということができる。

Ｐ・Ｌ・サッフォが唱えた説、つまり長期の効果を過小評価する消費者の「巨視的近視《マクロマイオピア》」によると、いくら新しく便利な技術でも、人間がそれを受け入れるのに平均三十年の歳月を浪費するという。短期のインパクトを過大評価し、期待に添わないと、今度は長期の効果を過小評価するからである。

有名なロシアのコンドラチェフ説に結論は類似していても、どこまで信頼していいかわからない。いずれこの三十年説にしたがうと、一九九〇年前後にパーソナル・コンピュータという一種の電子ブック・リーダーが普及し始めた時点から見れば、二〇一〇年のころ、まさに旧来の本は消える道を疾駆し始め、三十年後の二〇二〇年辺り、消費者全般に専用の電子ブック・リーダーが定着している。

この出版危機ともいうべき時期に、推進役の財団法人、文字・活字文化推進機構などが主催した「国民読書年宣言集会」が開かれた。衰退していく本をもっと読もうという声だが、いまどき、特殊法人の主催ないしは政治・官僚主導が持つ独特の悪臭が抜けない。

知識人や文化人や識者と呼ばれる人々の集会支援は、文化人利用のパターンだし、この財団が主催する催し「国民読書年記念大祭典」という言語感覚もいかがわしい。祭りという大騒ぎで税金をむだ使いする官僚や政治家の遣り口である。こうした宣言が行われるほど、本の売れ行き不振は大きな社会現象になっていた。

また総務省、経済産業省、文部科学省も電子ブックの流通や著作権のルール作りに乗り出し、出版社、通信会社、著作権団体、国立国会図書館など、官民合同の研究会を発足させた。いずれも生産性や利権を研究の目的に置かざるをえないから、適切な結論にいたるはずがなかった。宣言や大祭典や官庁主導の研究会よりも、本がなぜ売れないか、なぜ読まれないかを本とことばを駆使する出版社自身が自主的に解明し、対処してほしかった。その意味では本を作る編集者たちによる「日本編集者学会」の発足に注意していた。大量生産を支える立場からの追求あるいは自省と敬虔の声を聴いてみたかった。

同じ年、書籍販売のシェア九〇%を占めるといわれる大手出版社数十社による「日本電子出版社協会」(仮称)が発足した。社名を見ると、錚々たる出版社だけに、出版不況の問題の大きさが伝わってくる。

これとは別にやはり大手の有力出版社が、共同で雑誌のネットワーク配信に乗り出すと報道された。だが、こうした具体的な動きが起きるずいぶん以前から、書籍・雑誌のデジタル化が行われ、数社の大手出版社が協力して実行してきた。デジタルへの取り組みは、その段階でいまさらの観が強かった。

その時期にはすでに、ほとんどがパーソナル・コンピュータをリーダーとして読み取る方法を採っていた。出版社がどのような方法で読む出版物を販売したか、具体的な動向は本文で事例をあげておいた。

当初の段階で主導権をとったのは、出版社ではなく、大手の情報家電機器メーカーだった。理由は、出版社サイドが最新の電子機器やデジタル・コンテンツに技術的に精通していなかったせいだろう。販路が少しでも広がればいいといった考えで、無思慮にテキスト・ファイルのデータを流した。

電子ブック・リーダーが、小型情報端末ＰＤＡや携帯電話に広がったのも同じだった。貧しい書体、小型ディスプレーの読みにくさなどが、平然と無視された。テキスト・ファイルと平行して配布された写真版のデータも、既刊本のページを写真版にしただけで、文字の滲みや紙面の汚れを残した無残な姿だった。

書体の読みやすさ、紙面の美しさなど、細心の注意を払う出版社の姿勢が、ほとんどなかったのである。ごく散発的に雑誌のデジタル化で美しい作品があったが、どれもみな途中で消えていった。

やはり出版社サイドが、電子機器メーカーに引きずられた結果にちがいない。読者も読みにくいために、市場に拡がらなかった。この点でも出版社自身がデジタル技術に精通し、出版社側から改善する技術も風土も持っていなかったことを示している。

このことは電子ブックだけでなく、それ以外のデジタル・コンテンツに無関心を通した原因とも思われる。パーソナル・コンピュータが、早くから通信やゲームを可能にする機器であったことに出版社は無関心だったのだ。

通信やゲームを旧来の紙の雑誌で取り上げるのが精一杯で、出版というメディアの本質を問うものだと気づかなかった。

個人向けコンピュータによる通信やゲームの隆盛は、文字を書く、自己表現をする、情報伝達する、ストーリーを考えて展開するなど、本ときわめて類似した作業を展開していた。それにもかかわらず、デジタル機器への無関心さのせいで、この領域に足を踏み込もうとはしなかった。

コンピュータのユーザーが通信やゲームに熱中することは、この電子機器によって可能になった新しい本を書き、流通させ、読むことに類似していた。彼らの多くが、徐々に紙の本を読むことから遠ざかっていたことにも、出版業界は気付こうとしなかった。旧来の出版へのこだわりが、技術による変化から目をそらせたのである。

デジタル技術によって、紙の本にとって替わる膨大な別種の本と読者が生まれ、流布した様子は、第2部に詳細に書かれている。

その他、本を構成する基本の文字とそれを取り巻く環境の変貌、電子ブック・リーダーのハードウエアとして持つ問題、電子ブックをリードする機械文明の問題、電子ブックと既存本の将来像などにも少しふれた。

本への問いかけは、文字自体に接する読者に起きている変化、技術主体の文明の変遷なども問題にしなければならない。

ハードウエアとしての問題は、二〇一〇年前後に登場した機器が、マンマシン・インターフェースにはたして十分応えられるか、近い将来、電子ブック・リーダーのインターフェースが、機器と脳内シナプスの接続にまで行く過程も考えられる。

その辺の技術的な問題点にも触れておいたが、目前の一般読者は技術に偏った表現になじみがないし、嫌う傾向がある。

いずれにしろ、たかが本と思うだろうが、このメディアは影のような存在でありながら、時代の変遷をも巻き込んだ大きな問題を孕んでいるから、いずれは誰もが正面から見直すべき問題である。

第1部　紙と活字の本――その始まりと世紀ごとの変遷

序章　前景のグーテンベルク

印刷や書籍の歴史が語られるとき、決まったようにグーテンベルクから始まる。本はそもそもグーテンベルクからと、誰もがひとつ憶えのようにくりかえす。

しかし、わたしたちのまわりに見なれた本、過去五百余年にわたって流布してきた本から見ると、彼を現在の本の創始者にするのは、やや思慮を欠いた考えである。印刷のついでに近代の本までグーテンベルクに押しつける常識は、かならずしも正確ではない。

たしかにグーテンベルクの印刷や書籍は、それまで営々とつづいた本のありよう、ハードウエアの一部分（印刷技術）を変えるきっかけになった。その意味で印刷のパイオニアであったことにまちがいはない。

それまでの本とは、教皇庁や修道院や先取的な領主たちの雇った専門の写字生による手書きの写本である。彼らの仕事は、単純に文字を引き写す作業だったが、別に写本家と呼ばれる専門家もいて、ギリシャ語を理解し、ラテン語翻訳を書き文字で一冊の本に再現していた。

イタリア・ルネサンスの文化史を書いたブルクハルトによると、前者は副収入を必要とする貧乏学生やそれだけが収入源だった貧しい人だったが、後者は高い地位と報酬が約束された人たちだったという。

ガチョウの羽を削った筆記用具と顔料を用い、子羊の皮をなめした羊皮紙に美しい文字と絵を描き、一冊に綴じた本が制作されていた。小説や映画の『薔薇の名前』を知っている人は、きっとこうした作業を行っている修道院の光景を憶えているだろう。

ヨーロッパの博物館や美術館に立ち寄った人は、美しい写本のページを再現した絵葉書やコピーを入手したかもしれない。写本の写真版を集めたカタログもたくさんある。ガラスケースに納まった古い写本自体をのぞきこんで、賛美の声に息を止めた人がいるかもしれない。いつ見ても、ため息が出るような美しさである。

写本はすべてを手作業で行う美術工芸品に似た存在で、ヨーロッパ中世の時代、聖書や祈禱書といったキリスト教の宗教書を中心に古典の翻訳書などが制作されていた。いずれも教会や皇帝の権威を象徴する贅沢品であり、大きさもたとえば縦六六センチ、横三八センチ、重さ二六キロという重厚なもので、書見台の上に置いてしか読めなかった。

一方で写本は修道院以外にも広がり、宗教から離れた場所でも読まれていく。古代からギリシャ語やラテン語で書かれた多彩な文書の写本が作られ、流布していた。といっても時間のかかる手作業には変わりなく、さらに発展することはなかったが、本の歴史ということでは、この手稿本や写本の長い時代を忘れることはできない。

ついでに『薔薇の名前』のテーマのひとつが、本であったことも思い出しておこう。推理小説めいた筋立てで殺害される被害者は、写本の絵を描く修道士とギリシャ語を翻訳する翻訳僧であった。ふたりの作った写本が問題だったからである。

僧院に設けられた階上の写字室や図書保管室の様子を忠実に再現した映画監督ジャン＝ジャック・アノーは、子供のころから中世の古い寺院に偏愛を抱いていた。だから映画のセットや背景には、労力を惜しまなかったと告白している。

映画に登場する数々の写本は、実際に古書修復の専門修道僧に依頼したという。一点の制作が三～六か月かかったと話していたから、実際の写本一冊の製本も含めた完成は推して知るべきだろう。

一方、これらの手稿本や写本を同じ長い年月をかけて収集した歴史もまた、本にまつわる貴重な歴史だった。

たとえばいまでもフィレンツェの街中にあるラウレンツィアーナ図書館は、豪商メディチ家のコジモ・デ・メディチが発端になった文庫で、「四十五人の写字生を雇って、二十二か月のうちに完成した二百巻の写本」（ブルクハルト）が収まっている。

小さな、狭い石段を登って入る建物は、それと知らなければ、ほとんどの観光客が見過ごしてしまうほどである。近代書籍に至る前史の中で持つこの図書館の意味は、とてつもなく大きい。ミケランジェロによって設計された閲覧室の美しさと同時に、それぞれの写本や収集品自体に施されたデザインの美しさは、いまでも語り草である。

ローマに囲まれたヴァチカン市国のヴァチカン文庫は、修道士時代の教皇ニコラウス五世が購入し、写させた古写本が基礎になり、「九千巻から成る文庫を元来教皇庁のすべての役人に使用させるために遺した」という。真紅のビロードに銀の金具を施した表紙で有名である。

この文庫は、設立の性質上、一般人のだれも中を見るわけにはいかない。その点でも、愛書家・研究者垂涎の的になっている。

これもついでだが、少しまえの世界的ベスト・セラー『天使と悪魔』の主要舞台としてこの図書館が登場した。映画化されたとき、撮影の許可が下りず、図書館内部のごく一部だけがセットとして組まれたが、映像で見るかぎり、全体の様子は伺われず、ごく一部の再現でも満足できるものではなかった。

ヴェネツィアのサン・マルコ図書館には、ギリシャ人だった枢機卿ベッサリオンが寄付した六百冊の古写本が架蔵された。戦火にあえぐギリシャから古写本を救い出す方策だったが、このケースも収集の一例である。


写本の外観は、あくまでも人の手による手工芸品だった。この長い歴史を変えるきっかけになったのが、一四四〇年ごろ、いまのストラスブールで金細工師、鏡職人をしていたグーテンベルクである。

故郷の神聖ローマ帝国（ドイツ）マインツに帰った彼は、実業家スフトから資金を借りて、今日、活版印刷と呼ばれる印刷術の工夫を重ね、それまでの写本の手作業を一変させた。一四五〇年、八〇〇フローリンを五%の利息で借り入れたが、最終的には裁判に訴えられているから、事業が順調に進んだとは思えない。

同じ時期、すでに木版、銅版（凹版）、木の活字による印刷方法が平行して試みられていた。彼は鉛合金の金属活字を用いて、一四五五年ごろの『四二行聖書』、一四六〇年の『カトリコン』などを刊行している。

前者は、いわゆる「グーテンベルク聖書」と呼ばれる一八〇部刊行のもので、大型の二つ折本上下二巻は、合わせて千ページを超える大きく部厚い本である。現存する四七セットのうちに入る一巻（上巻のみ）が、現在、慶應義塾大学に架蔵され、デジタル画像としていつでも見ることができる。一九八七年、クリスティーズの競売で丸善が落札し、慶應義塾大学へ納品した。

後者は、聖職者の作務に必要な本である。グーテンベルクが使った最小の活字を用い、二段組になってはいるが、こちらも大型二つ折本で三七三葉と大きい。

たしかに鉛の合金、油性インキなどの工夫や改造によって、手書きから凸版印刷による印刷技術の向上を図ったけれど、できあがった本は、実物を見ると、写本時代の本とそれほど変わりがない。

はたしてこうした印刷物をいま見るような本と同一視していいかどうか。ある日本の代表的出版社の編集者は、「グーテンベルクはこうして印刷という新しいメディアを写本に近づけることで、本の完成度を高めようと努力した」と自社の本に書いていた。

このいいかたは、読者にとまどいを与える。ひいては日本の代表的な編集者の本に対するあいまいな理解をさらしている。

印刷という新しいメディアなのに、なぜ古い時代の写本に「近づける」必要があるのか。本としての完成度は、だれの目から見ても写本の方がはるかに高い。その古い写本に近づける新しい技術といういいかたは、どこか自己矛盾に聞こえる。

手工芸の美しく完成度の高い写本のかわりに、一部、機械化した手法、つまり近代的な生産技術を利用して、手っ取り早く、低コストで本を作ろうという魂胆があったとこの編集者は言いたいのだ。

事実、グーテンベルクの活字本の登場に対し、当時から異を唱える人々がいた。彼らは活字本によって、写本の美しさが損なわれると見たからである。逆に写字生などは、細かい労働から解放されて喜んだともいう。

そこには美しい本よりも合理化という手を抜いた粗製乱造への萌芽が、はるか遠景に見え隠れする。あえていえば、それはグーテンベルクの明確な意図ではなく、技術による省力化を企図した一技術者が、手作業を除外した美しい写本を夢みたのかもしれない。

ただし、借金と訴訟にまみれ、破産の果てに死んだグーテンベルクだけに、そんな想いに反し、実際には膨大な投資によるお金儲けがねらいだったともいわれる。『ルネサンス期の書物』(二〇一〇年)を書いたアンドリュー・ペテグリーは、「彼の本の歴史は、お金から始まった」と書いている。

客観的に振り返れば、高度な美しさと完成度を誇る写本に省力化という活字技術を取り入れただけで、革新されたのは本ではなく、印刷術だった。もっと正確にいえば、写本という本を超えて、近代の本に直結する新メディアへ移行する意欲や動きは、グーテンベルクにはなかったのである。

歴史家リュシアン・フェーヴルがすでに指摘したように、グーテンベルクは写本を忠実に再現しようとするところがあった。いくら金属活字を用いても、彼の視線はルネサンスが見せ始めた新しい時代に向かず、本に対する意識が古いメディア側に残っていた。その新しい試みは、印刷技術に限った機械化や省力化だけというグーテンベルクの限界を感じさせる。ただし次世代の新たな本の誕生へ向けて、思わぬ宿命を背負わせたと誰が想像したことだろう。

彼の技術や業績については、詳しい研究が流布しているので、ここでは逐一反復しない。ただ彼による本は、ある部分でまだ写本の時代から大きく抜け出るにはいたらなかったこと、印刷した本が中世のキリスト教関連だけだったことを知っておけば十分である。

したがって、近代の本を作る出版の創始者と呼ぶには、ふさわしくないのである。

それより、今日の本のパイオニアとして語るのにふさわしい人がいる。グーテンベルクに遅れること半世紀、十五世紀末から十六世紀初頭に活躍したひとりのルネサンス人である。

ましてコンピュータ時代に入った二十世紀後半、コンピュータが本につぐ新しいメディア（インターフェース）として登場するとき、大きくクローズアップされたのはグーテンベルクではなく、ほかならぬイタリア・ルネサンス期のこの男の業績だった。

ラテン語読みでアルドゥス・マヌティウスと呼ばれた彼こそ、グーテンベルクによる本とはちがって、今日の本や出版に直結する道を開いたからである。さらにハイテク時代の新しいメディア登場に対して、ストレートに呼応する前景として位置づけられさえする。

グーテンベルクは印刷技術の点で革新的でありながら、本という点では革新性が少なく、キリスト教の支配した中世の残照に浸かっていた。その意味で、もし近代以降、現代に通じる本について語るなら、もう少し時間をかけてイタリア・ルネサンスの醸成を待つ必要があった。

第1章　最初の出版人アルドゥス

ラテン語読みでアルドゥス・マヌティウス、イタリア語でアルド・マヌツィオは、推定では一四五二年二月、ローマから南東に六五キロ、バッシアーノ近郊にある小高い丘のセルモネータで生まれた。一五一五年の死まで、イタリアのいくつかの都市を巡るが、生涯を通じて、彼はローマ市民でありつづけた。

現在のドイツ、当時の神聖ローマ帝国マインツに生まれたグーテンベルクが、『四二行聖書』を刊行する直前である。生年月日が正確にわからない両者だが、ほぼ五十年をへだててマヌティウスは生まれたことになる。

マヌティウスの生涯をふりかえると、グーテンベルクが職人として合金活字の工夫に手を染め、財産をつぎこみ、借金や裁判といった俗世にまみれたのに対して、人間としてややおもしろみに欠けるところがある。

どちらかといえば、知識人として学問の世界を歩み、みずからの手を汚すことなく六十余年の生涯を全うした印象が強い。眼高手低といってよいインテリによく見られがちな、生き身の人間としての魅力がうすい感じがする。よくいえば、学究肌らしい無欲で淡白な人だったのだろう。

行きがかり上、簡略に彼の経歴を振り返っておこう。略歴はすでにいくつか書かれて流布している。ここでは一九九五年、ニューヨークのピアポント・モーガン図書館、ロサンゼルスのＵＣＬＡ研究図書館で開かれたアルドゥス・マヌティウス五百年展の資料など、最新のものを基に必要な点だけを取りまとめておこう。

セルモネータの生家のことは、はっきりと語られることがない。当時の教皇領に含まれるヴェレットリ近くだったから、カトリックの公用語であるラテン語の初歩教育を教区学校で学んだろうと思われる。

その下地があったせいで、二十代になるころ、近くのローマに出て、ローマ・サピエンツァでラテン語の本格的な勉強を始めた。さらにずっと北のフェラーラに移って、高名なバッティスタ・グアリーニについてギリシャ語を習得している。特定の仕事に就くため手に技をつけるのではなく、公用語のラテン語や古典語のギリシャ語を学ぶことは、知的な職業を目指す人の常だった。

やがて学んだ語学を人に教える立場になり、彼から指導を受けた人の中にフィレンツェの銀行家ストロッツィやミランドラの詩人ジョヴァンニ・ピコがいた。この段階から、彼はギリシャ・ラテン語の適切な教材が欠けていることも痛感している。

ヴェネツィア共和国とフェラーラ公との戦いが始まると、フェラーラに隣接する北イタリアのミランドラに移り、ピコの甥たちの家庭教師になった。

この甥たちのアルベルト・ピオとリオネッル・ピオは、カルピ領主の王子たちだった。いまでもカルピには、当時のピオ家の城が市庁舎として残っている。のちに城主になったアルベルトは、アルドゥスが印刷と出版の事業を始める支援者のひとりになっている。

四十代になるころには、当時のイタリアで経済的にもっとも栄えていたヴェネツィア共和国に移った。人文主義学者として知られたこともあったが、アルベルト・ピオの力添えなどもあって、ビジネスの中心地ヴェネツィアで出版事業に乗り出す心積もりがあった。

四十代の半ばになった一四九四年、場所はヴェネツィアでもっとも大きな聖堂、サンタ・マリア・グロリオーサ・ディ・フラーリがあるサンポーロ地区だった。支援者には公爵の一族でヴェネツィア総督の子バルバリーゴも参加していた。ほかにルネサンス期を賑わせたイザベッラ・デステ、ルクレチア・ボルジア、法王レオ十世もふくまれていたらしい。

イタリアに旅した人は、アルドゥスと同時代に生きた高名な画家ティツィアーノの宗教画を観るため、大運河に近いこの地区に立ち迷っただろう。この画家は本書の少しあとに登場するが、このときまだ若く、未来の代表作「聖母被昇天」を描く画家修行を始めたばかりだった。

こうしたヴェネツィアの地には、印刷業者、書籍販売業者がすでに数多くいて、情報収集や製作販売には好都合だった。

一五九五年の活動最初期には、ラテン語訳のギリシャ詩集やギリシャ・ラテン対訳のギリシャ語文法書を刊行している。いかにも人文学者アルドゥスらしい処女出版である。むろん彼が学んできたギリシャ語、ラテン語への深い興味や造詣が背景にあったが、時代のニーズに応える理由もあった。

本格的な出版に携わるようになったのは、アゾーラ出身の裕福な市民アンドレア・トレサーニがヴェネツィアに本の販売店を開いたのがきっかけだった。トレサーニはみずから印刷業の人材を集め、同時に出版部門の管理責任者として、学者のアルドゥスを登用したのである。

アルドゥスが五十歳になる直前、このパトロンのまだ若い娘マリアと結婚している。晩い結婚には政略結婚の臭いがするが、それは印刷と出版・編集のコラボレーションという意味で政略的であったといっていい。裕福だった義父の財力、その相続人だった妻の資産などがあって、はじめて学術的な書籍を出版できたのである。

ときはルネサンスのまっただ中、中世から近代への橋渡しをするこの時期を支配していたのは、古いギリシャ時代への回帰という考え方であった。すでに触れたアンドリュー・ペテグリーによるルネサンス関連の書籍考にも、十五世紀に発行された本の中で古典はわずか五％にすぎないと書かれているように、翌十六世紀初頭から古典再興は本格的に始まっている。

のちに人間復興（ルネサンス）と呼ばれるように、生まれ変わるべき人間の理想をはるか以前のギリシャ時代に見出そうとしていた。

当時、レオナルド・ダ・ヴィンチやボッティチェリなどの画家を庇護したフィレンツェの豪商メディチ家のコジモが、一四六四年に建てた丘上の別荘を「アカデミア」とし、古代哲学者の研究をめざしたのがその先駆だった。

彼はプラトンに強い興味を示し、主治医の子で学才にあふれたマルシリオ・フィッチーノに翻訳を命じ、別荘に住みつかせた。別荘は、少しのち「アカデミア・プラトニカ」(プラトン学院)になり、気楽に語り合えるサロンになった。

コジモの孫になるロレンツォ・デ・メディチが、さらにアカデミアを盛り立て、フィッチーノとその業績は、イタリアからヨーロッパにまで広がる。一四八三年になって、このラテン語への翻訳は、印刷業リッポリの工房でロレンツォの金銭援助によって一〇二五部だけ刊行された。

ここにいう部数は、当時の出版の規模を語る数字として、記憶しておきたい。端数の二五部は当事者たちの手もとに残すものだったろう。とすると、残りの一〇〇〇部が、しごく平均的な当時の本の印刷・販売部数だったと推定される。

一四九七年には、新プラトン主義者たちによる翻訳がヴェネツィアで印刷されている。ギリシャ古典を読み直す機運が、人々の間に満ちていた。その意味では、出版人としてのアルドゥスには時代のニーズを見る眼があったといいたいが、むしろ時流の先端に位置して、流行を見抜いた彼の姿勢が、そのまま出版に生かされたといったほうが正確である。

もうひとつ、ヴェネツィア独自の状況もあった。

開かれた国際自由都市として栄えていた当時、一四五三年、オスマントルコによってコンスタンチノープルが陥落、その余波を受けて多くの知識人がイタリアに流入してきた。ヴェネツィアには、おもにクレタ島出身のギリシャ人が多数亡命していた。

アルドゥスは彼らを組織化して「ネオアカデミア」を創設し、人文主義者たちの学会として、流入したギリシャ人の知識やギリシャ語の書籍を利用したのである。編集者や植字工としてギリシャ人の力も借りている。

この結果、処女出版に引きつづき、ギリシャ時代の思想家・作家・詩人の書籍、ローマ時代の作品が数多く刊行されることになる。刊行書籍の一覧がまとめられているが、リストの中から関連するごく一部のタイトルをあげておこう。

第一期（一四九四―一五〇〇年）＝アリストテレス全集、アリストパネス著作集など

第二期（一五〇一―一五〇三年）＝ウェルギリウス、ホラティウス、オウィディウス、ソポクレス、ペトラルカ、ダンテ、ボッカッチョの作品など

第三期（一五〇四―一五〇九年）＝ホメーロス、プルタルコス、プリニウス、エラスムスの作二五作品など

第四期（一五一二―一五一五年）＝プラトン著作集など

どうだろう、グーテンベルク時代の宗教色は、みごとに払拭されていないだろうか。

興味深いことに、利益配分がバルバリーゴ五〇％、トレッサーニ四〇％、アルドゥス一〇％になっていたという。

一五〇二年には、タイトルページに有名なイルカと錨のマークが登場する。

マークには「Festina lente」（ゆっくり急げ）というラテン語が添えられている。四十代終わりの晩婚といい、堅実な経営といい、取り分の少なさといい、アルドゥスの学者らしい無欲

恬淡の面目がよく現れている。

すでに一部触れたが、こうした出版業はマヌティウスの独壇場ではなかった。たとえばフィレンツェには、裕福な羊毛商人の息子フィリッポによる印刷・出版があった。文学や人文科学者たちのつながりに支援を求め、出版物を世に送り出していた。その弟のルカントーニオは、一四八九年に新たな拠点をヴェネツィアに移し、トレサーニやマヌティウスの競合相手になっていた。

さらにルカントーニオの甥ジャックは、ヴェネツィアで叔父の出版事業を学んだのち、南仏リヨンに出版社を起こしている。神学、法律、医学といった多彩な出版物を刊行し、多数の印刷業者を傘下に置き、リヨン書籍商団体のトップに立って、パリやフランクフルトといったヨーロッパ各地へ事業を拡大している。

印刷・出版のメッカとしてのヴェネツィアは、いずれにしろマヌティウスが活躍した時期、西欧世界に先駆けた都市だった。以下の表からも、その実態がわかるだろう。

ヴェネツィア	五〇〇〇版	四一・三二%
ローマ	二〇〇〇版	一六・五三%
ミラノ	一二〇〇版	九・九二%
フィレンツェ	八〇〇版	六・六一%

（一五〇一年当時の地域別刊行数　サンダルによる推定）

ついでだが、ここにいう版数（エディション）というのは、わかりにくい。現在は印刷部数（コピー）で表し、たとえば初版五〇〇〇部、第一〇版（刷）五〇万部突破などということが多い。版数は初（第一）版や第二版、第三版と数え、同じタイトルの本をいくども刷り増す、あるいは内容を少し変えて刷り直すことをいう。

印刷技術がまだ端緒についたばかりだから、前述のように一回に刷る部数もかなり少なく、用紙も数回に分け、摩滅した活字を変え、版を改めて刷ることが多かったが、ここでは、ヴェネツィアで単純に約五〇〇〇冊の本が出版されたという意味として理解したい。

いずれにしろ、この表からヴェネツィアがいかに出版のメッカであったかがよくわかる。同時に現代の感覚からすれば、ルネサンス期の出版がいかにも小規模なものだったかもよくわかる。

にもかかわらず、一五〇〇年前後にイタリア中・北部を中心に渦巻いたこの出版旋風こそ、近代出版業の幕開けであった。グーテンベルクよりもはるかに現代につながる、出版の流源であったことを再認識する必要がある。

一五一五年に没したマヌティウスの出版業は、息子たちの代に引き継がれていった。十六世紀が進むにしたがって、印刷・出版・販売のビジネスがヨーロッパ主要都市に広がり、ヴェネツィアの出版産業は下降線をたどっていく。

さして冒険もなかった学者肌の地道な生涯が、これから五百年間の書籍の歴史を支配し、二十一世紀まで影響力を保ちつづけるとは予期さえされなかった。後世の史家がその弊害について語ることもなかった。

　まして二十世紀になってさらに思わぬ別の発展に結びつくとは、いったい誰が想像したろうか。ずっとのちになって、マヌティウスの業績や本の歴史が語られるなかで、だれも注目しなかったことが、やっと二十世紀後半、とんでもない方向から逆照射されたのである。

　それは、約四百五十年後になって現れた、出版業界以外からの再評価だった。

第2章　ポリフィルスの夢絵本

グーテンベルクが手工業による技術で印刷や本を変えたとすれば、アルドゥスは学識に裏打ちされた企画力、後世のアメリカふうにいうと、リスト・ビルディングによって本を変えたといえるだろう。もちろんこれらの要素は、それぞれが有機的に結びついて一体となっているが、両人には大きな隔たりがある。

グーテンベルクの技術がハードウエアの領域に止まり、本の内容まで変えることがなかったのに対し、アルドゥスの学識と企画力は、本のコンテンツとデザインであるソフトウエアの領域を一変させてしまったのである。

アルドゥスの学識とは、彼がギリシャ語やラテン語に通じていたことである。それは同時に、彼が同じギリシャ・ラテン語を必要とする時代風潮の渦中にいたことでもある。時代が求めた古典の出版企画を考える基盤が、すでにアルドゥスに備わっていた。

中世以来のキリスト教にどっぷりと浸かったグーテンベルクと異なり、ヨーロッパの先端をいくイタリアの新しい時代、ルネサンスに生きたアルドゥスならではの特徴である。

刊行した本の種類も多岐にわたっている。前記の簡略な刊行リストには省略したが、ギリシャやローマの古典復活以外に、さまざまな分野の書籍におよんでいる。同時代の世俗的な作品、大衆向けの文章、政治や科学に関する本、歴史や地理に関する著作などとジャンルは広い。アルドゥスの企画力というのは、書籍のリスト・ビルダー（企画担当編集者）である以上に、活字書体の考案、本の小型化というデザインから、発行部数の増加にも及んでいる。

まず活字（タイポグラフィ）の考案だが、ローマン体といわれる新しい活字を多用し、さらにそれをもとにイタリック体を創出したことだった。

これには前景があって、アルドゥスの独創だけではない。

中世時代を抜け出そうとした当時の人々は、いかにも古い時代を感じさせる従来のゴシック体に「野蛮」や「古色蒼然」を感じ、新しい文字を求めていた。前出のフェーヴルとマルタンは、「伝統的な中世のテキストとの間に一線を画そうと願った」と書いている。

イタリック体にこだわったのは、文字としての美しさというアルドゥス独特の美的感性があったかもしれない。彼と親交のあった同時代の著名な詩人ペトラルカの自筆原稿を見て、それに倣ったともいわれている。

たしかにペトラルカ自身、ローマン体の文字にこだわって自筆の原稿を書いていた。やはりフェーヴルたちは、ペトラルカらが流行させた書体であるといっている。この書体はイタリアから全ヨーロッパにまたたくまに広がったとも。

だが、成り行きはそれほど単純ではなかった。文字の意匠が個人の嗜好で単純に広まることなど軽々に起きるわけはなかろう。むろんペトラルカが好んだローマン体が、彼自身によって創案されたものでもない。

真相として、もっと広がりのある歴史背景があったことを『西洋の書物』が伝えている。著者エズダイルの調査によると、ローマン体以前に「キャロライン小文字」を模倣した小型の写字生書体があり、イタリアやフランスでは「円形書体」と呼ばれたものがあった。呼称のいわれは、ゴシック体のように角ばらず、何とはなく丸みを帯びていたせいだろう。

ほかの国々では「アンチック体」とも呼ばれていたという。古典文学研究家がギリシャ古典、つまりアンチックな文字で書かれたアンチックな本を好んで読んだことから、そうした呼び名が口にされた。

ギリシャの古典を学んでいたペトラルカが、自然にこの書体に親しみ、多用するようになってもふしぎではなかった。

さらにエズダイルによると、イタリアで初めてローマン体の活字を使ったのは、一四六七年のローマでスパインハイムとパンナルツのふたりが見られ、一四七〇年のヴェネツィアではニコラ・ジェンソンがいたという。

イタリアに滞在したついでに、わたしはペトラルカが生まれ、教場を開いていたフィレンツェ近郊の町を訪れたことがある。が、あいにく自筆原稿を実際に見る機会がなかった。そのかわり教場に集めた関連本の説明、本を読みながら机にうつ伏せて死んだ最期を案内の老婦人から長々と聞かされた。

別に原稿のコピーを見ることはあったが、イタリック体はペトラルカの文字よりももっと細い印象だった。

イタリック体の活字を考案したのは、ローマン体利用の流れの中にあった一五〇一年のヴェネツィア、ボローニャのフランチェスコと呼ばれた金細工職人フランチェスコ・グリッフォだった。

ただしアイデアを出したのはアルドゥスだったから、特別使用の許認可は彼が持っていたという。フェーヴルが書いたように「一握りの教養人が人工的につくりあげた書体が勝利を収めた」といえるのだろう。

いずれにしろ、イタリック体はこのローマン体の変形として考案されたものである。むろん「イタリック体」はイタリアの書体という意味で、今様にいえば、イタリアン・ファッションでもある。

金属活字の鋳造や打ち出し技術の原理は、すでに百年ほどまえの十五世紀前半にほとんど完成していた。硬い金属で「父型」を作り、それを少し柔らかい金属に打ち込んで「母型」を作り、さらに適切な合金を流し込んで活字を完成させる技術である。

イタリック活字は、一文字の幅がほかの書体にくらべて狭く、縦長であったため、一ページに使われる文字量がかなり増える結果をもたらした。あるいはそれもアルドゥスの計算内に入っていたのではないか。

さらにページごとにおさまる文字数の増加は、それまで大きかった本のサイズを小型化することに結びついた。グーテンベルクの時代には見られなかったクォート判やオクターヴォ判の小型本が一挙に増えたのである。

ヨーロッパの本の判型になじみがない人は多いだろうから、簡単に説明しておくと、この判型は、今も昔も、印刷に使う一枚の用紙（全紙）の大きさを基本にしている。

当時のイタリアで漉いた一枚の全紙は、ブライアン・リチャードソンの調査によると、以下の四種類の規格に分かれていた。

インペリアーレ（七四〇×五〇〇ミリ）
レアーレ（六一五×四四五ミリ）
メッツァーナ（五一五×三四五ミリ）
コミューネ（四五〇×三一五ミリ）

なかでももっとも一般的に使われたのが、最後のコミューネだった。

ついでに日本で現在一般的に使われている書籍・雑誌用紙は、A判（一一八九×八四一ミリ）とB判（一四五六×一〇三〇ミリ）の二種類に分かれる。その前には四六判や菊判というものもあった。

いまの全紙の規格からすると、当時の紙ははるかに小さい面積だった。紙を漉く技術や機械化が未熟で、大型の一枚の紙を一挙に漉きあげることができず、せいぜい七四×五〇センチの大きさにとどまっていた。同時に印刷機が大きな紙を刷る規模にいたらなかったせいである。

もちろん全紙は、表裏両面のそれぞれに合計二度、印刷される。印刷される各ページは、折り畳んだ状態でページ数が順番（昇順）に並ぶように配置され、これを面付けと呼んでいる。表裏が刷り上った全紙をいく度も折り畳み、全体を合わせて仮綴を行い、最終的には厚紙や革で表紙が付けられ製本される。

現在でも印刷の工程、製本は同じ手法だが、全紙は機械化ではるかに大きくなり、通常、A判やB判が用いられる。研究書などの単行本に多いA5判（二一〇×一四八センチ）は、A判の全紙を五つに折ったもの、小説の単行本などのB6判（一八二×一二八センチ）は、B判全紙を六つに折ったものを指す。

むかしのイタリアでも、全紙を折った回数に応じて以下のように呼ばれた。

「フォリオ」（二つ折）判—全紙を二つに折ったもの
「クォート」（四つ折）判—全紙を四つに折ったもの
「オクターヴォ」（八つ折）判—全紙を八つに折ったもの

それぞれ一枚の紙の表裏に複数ページを一度に印刷し、全紙を折ることによってフォリオ判が四ページ、クォート判が八ページ、オクターヴォ判が一六ページになり、さらにそれぞれを閉じ合わせて一冊の本にする。

イタリアの印刷が隆盛する時期より一世紀余も遅れた一六二三年、シェイクスピアが書いた戯曲の最初の本が、後世の人によってイギリスでフォリオ判の全集として刊行された。もちろん彼の死後だから、芝居に行けない人や熱心なシェイクスピアのファンが、購読者になった。日本では明星大学に架蔵されているのを、機会があってじっくり見た。それ以前にシェイクスピアの出生地ストラトフォード・アポン・エイヴォンを訪ねたが、その地の記念館でも見かけた。

当時のイギリスは、ルネサンスの開花がイタリアより遅れていたから、全紙を単純にふたつに折ったフォリオ判の出版が多かったと思われる。同じヨーロッパ圏といっても、地域によって出版技術の格差が広がっていた。

ところがルネサンスの渦中にあったイタリアでは、すでに十六世紀の初頭、イタリック体の考案と共に革新的な書籍が作られ始めていた。

最小の書籍であった八つ折のオクターヴォ判、今日のポケット判が本として実現されたのである。なぜ革新的かは、このあとすぐわかるだろう。

たとえば当時の全紙で一般に使われていたコミューネ判を八つ折にすると、左右一一・五センチ、天地一五・七五センチになる。くしくも現在普及している日本の文庫本とほとんど同じ寸法である。

確認していないが、いまヨーロッパで使われる「ポケット本」(フランスではリーヴル・ド・ポッシュ、ドイツではレクラム文庫)は、存外、この時代からの影響を遠くとどめているのだろう。なお念のためにいえば、日本語のポケット本である文庫本は、このレクラム文庫をまねた岩波文庫が嚆矢になっている。

薄い紙表紙、糊閉じの簡素ないまの文庫本にくらべ、当時は製本段階でモロッコ産の皮革を表紙に使うことが多かったから、目にし、手に持った感覚は文庫本よりやや大きく、厚くなる。

ブライアン・リチャードソンの本に、一五〇五年の絵「読書をする少女」（一部）が再現されている。娘が見開いて読むオクターヴォ判は、両手にすっぽり収まる大きさである。同じルネサンス期にヴェネツィアを訪れていたデューラーの版画などに描かれた本にもその面影が見える。

イタリック体を用いたオクターヴォ判の本には、一五〇一年刊のウェルギリウス作品集や一五〇二年のダンテの『神曲』があり、以降のアルドゥス本の主流として台頭する。

ちなみにロウリーの調査（一九七九年）によると、判ごとの刊行点数は以下のようになる。フォリオ判やクォート判に対し、オクターヴォ判が新たに増えているのがわかる。

	一四九四〜一五〇〇年	一五〇一〜一五六一年
フォリオ判	一九点	三六点
クォート判	一八点	一一点
オクターヴォ判		四八点

ついでに用紙だが、イタリアはヨーロッパのどこにも先駆けて製紙技術が進んでいた。十二世紀の初頭に、中国からアラビア経由でイタリアに及んでいたのだ。十四世紀にはファブリア

ーノ周辺、ガルダ湖のソロ周辺に製紙工場が登場した。後半になると、ジェノヴァやヴェネツィア近くに二大製紙工業地帯ができている。

北側のアルプス、南側のアペニン山地に挟まれ、ミラノ辺りを頂点にして、西のアドリア海に流れるローヌ河と巨大なデルタを構成する北部イタリアで、原料の集荷、河川の豊富な水量、水運の発達が製紙業に有利だった。

日本の和紙漉きは、ご存知だろう。原料である楮《こうぞ》や三椏《みつまた》の繊維を水で溶解し、とろろ葵の植物糊を混ぜて漉き、乾燥させる原理と工程は、この時代のイタリアもまったく同じである。中国からの伝来技術だから、洋の東西に分かれても、似たものになった。

ただ原料は、当時普及した麻や亜麻でできたリンネルの襤褸繊維を用い、糊は日本の植物性とはちがう動物性の脂肪を使っていた。だから当時の本文紙は、ごわごわと厚く、硬い肌触りであった。現在の木材チップ利用の繊細な紙は、ずっとのちの十八世紀になってからである。

紙はそれ以前の羊皮紙にくらべ、長持ちの点ではかなり劣ったが、加工のしやすさ、薄さ、軽さ、安さなどの利点があって急速に広まり、ここでも本の軽量化が実現されている。ただし外装の表紙だけは、アラビア渡来の新素材モロッコ革が使われ、本の堅牢さが持ち運びの助けになっていた。

かつて書見台の上や机上でしか読めなかった大型の書籍が、一挙に小型化され、ポケットサイズに近くなった。初めて本を好きなときに好きな場所へ簡単に持ち運び、どこでも自由に読めるようになった。いちいち教会や学校の図書室に行かなくてもすまされたし、個人による本の所蔵が可能になったのである。当時としては、画期的なできごとだった。

　小型化に応じ、当然、一冊の本の用紙の使用量が少なくてすみ、一冊当たりの制作費を抑えることになる。販売価格も以前より安くなり、競合他社との競争に打ち勝って、個人所有による売り上げも伸びた。

　まして国際都市ヴェネツィアは、全ヨーロッパのマーケットに直結していたから、イタリア国内はもちろん、国外でも販売される本の部数は大きく伸びていった。ギリシャ語や特にラテン語は当時の国際語だから、読者は国を問わない。遠隔地には印刷された本文紙だけが配送され、現地で製本して流通するか、個人で製本あるいは製本依頼して架蔵した。

　装丁するまえの仮綴本は、そのまま樽に詰めてヨーロッパの各都市に発送されたという。外装用のモロッコ革は、もちろん地中海に面した北アフリカのモロッコを発端にした。イスラム教徒の支配下にあった砂漠の多い土地で、羊の革を壺に入れてなめし、天日に干した。現在でも同じ加工法が残り、そばに近づくと、異臭が鼻を突く。革質が薄くしなやかだったせいか、広くヨーロッパで使われることになった。

　モロッコといっても、北アフリカの西端からサウジアラビア、イラク、イランの東まで、すべて広大なアラビア文化圏で、言葉も生活風習も類似している。西端モロッコの鞣し革は、らくだや船便でこのエリアへ広がり、イタリアより以前に革で包む風習が、製本に応用されたと推測される。

十五世紀の終わりには、コルドバ産のモロッコ革が南イタリアのナポリに入り、中近東産のものは、コンスタンチノープルを経由でヴェネツィアに入った。アルドゥス・マヌティウスたちが使った革は、そのどちらでもあったろう。装身具などの革製品にも使われ、イタリアの伝統工芸にもなっている。なにしろデザインと加工は得意な国である。

手作業で行う製本業者や職人は、いまでもヨーロッパに残っている。パリのオデオン座前の小路に製本専門の店（ルリウール）が軒を並べているのをよくのぞいた。革表紙用の金箔模様押しや空押し用の金型が、数百年まえから壁にびっしり掛かっている。

仮綴本として本を刊行する歴史が古く、製本は読者の嗜好によって行われた風習が、いまでもここに生き残っている。中世の修道院で写本が作られた時代から、製本技術は連綿と伝わり、現代までつながっている。

少し時代は下がるが、一七八六年、ドイツ（ワイマール）からアルプスのブレンナー峠を越えて北部イタリアに入ったゲーテが、パドヴァの街中で見た光景を紀行文に残している。

「イタリアの本屋というものは、一風も二風も変わったところである。本という本が残らず仮綴のまま雑然と並んでいて、一日中、上流どころの連中が顔を見せる。僧侶や貴族や芸術家で、多少文芸趣味のあるものはすべてここに出入りするのである」。

仮綴本というのは、印刷された本文紙を仮に綴じて、最終製本していない状態をいう。パドヴァはヴェネツィアからわずか四〇キロの小都市だから、未製本のまま販売されていたのだろう。上述のように、製本は最終販売地や購入者の趣味によって行われたことにもよる。

それに本格的な出版が始まって三百年近くたっていたイタリアで、依然として同じように仮綴本が売られているのは興味深い。本屋に群がる読者層が、それほど変化していないのも興味を引かれる。おそらくこの時代、かつて出版のメッカであったイタリア北部は、すでに出版パイオニアとしての役割を終えていたのだろうか。

あるいは本そのものが特異な存在ではなくなっていたのだろう。もっとも仮綴本は、フランスの場合、つい最近でもまだ残っていた。若いころ、フランス綴じ原書を買って、閉じたページを象牙ナイフで切りながら読むのがおしゃれだと思っていた。どうやら軽井沢の避暑地を愛した堀辰雄や中村真一郎辺りからの影響だったろう。

アルドゥスはページのレイアウトにも工夫を凝らしている。たとえば一四九九年に刊行した『ポリフィルス狂恋夢』は、写真でご覧になればわかるが、ギリシャやローマの古典の組版とはかなり異なるデザインである。

作品はフランチェスコ・コロンナ作と伝えられ、哲学者たちによる古典作品や語学の参考書などとちがって、主人公が愛するポーリアを夢のなかで探し求め、さまざまな古代の人物や遺物に出会う物語である。

判型は三〇・四センチ×二〇・四センチのサイズで、大き目の木版挿画、装飾頭文字、大きさの異なる活字の配置など、当時としてはきわめてユニークな絵入本のレイアウトであった。ルネサンス期の本としては最高に美しい本だと、ウンベルト・エーコはのちに語っていた。

前出のロウリーの調査でみたように、フォリオ判の増加、クォート判の減少、オクターヴォ判の登場があったわけだが、いずれも一五〇〇年を境にして起きている。あまりにも切りがよすぎる数字だが、それよりも一五〇〇年にいたる六年間と一五〇一年からの六十年間に刊行された多い部数に比較して、一五〇〇年直前のわずか六年に発行された部数が多いのである。

印刷技術の発明から、一五〇〇年の終わりまで印刷された書籍は、すべて「インキュナブラ」（ゆりかご）と呼びならわされ、ここから始まる書籍の長い歴史で文字どおり本が育まれるゆりかごの時代にあったのを意味している。

『ポリフィルス狂恋夢』の刊行は、アルドゥスの出版活動最初期のころだから、活字の工夫や本の小型化は、アルドゥス自身のアイデアであったと思いたい。アルドゥスの本に対する「夢」のひとつだったようである。そこには後世につながる本のあり方として、思わぬ萌芽が見えている。

ただしアルドゥスの夢は、予想したほどに成功は見せなかった。挿絵は画家が時代考証を無視して、勝手に描くことが多かったせいで、学問にうるさいフマニストたちには気に入られず、評価は高くなかった。一四九九年という早期に刊行されたのに、重版したのはやっと息子の代の一五四四年になってからである。

あえてアルドゥスの挿画本への思い入れに触れたのは、処女作では失敗したが、少しのちになると、あのドン・キホーテが愛読した騎士物語やウェルギリウスの絵入り本などが、次第に増えていった事実を思い起こしたいからである。

文字の読み物に挿絵が加わる大衆本への道が、すでにこのとき開かれていたのである。はるかのちに起きる量産化への入り口が用意されたことでもあった。

第3章　ボッカッチョの風刺短編

『デカメロン』というタイトルを聞くと、大概の人はニヤリと笑う。実際は『千一夜物語』にも似たさまざまな話から成り立っていながら、好色譚というイメージが行き渡っている。

十日間にわたって語られる百の短編から構成されるこの物語集は、一三四七年、フィレンツェを襲ったペスト（黒死病）をきっかけにして始まっていた。アルドゥス・マヌティウスが生まれるほぼ百年まえのことである。

物語の発端は、フィレンツェ中央駅に近い、あの美しいサンタ・マリア・ノヴェッラ聖堂である。もっともまだ十四世紀のこの時代、聖堂は、アルベルティの設計による修復が行われるはるか以前の中世ゴシック建築だった。

聖堂に集まった若い七人の女性と三人の男性は、ペストが猛威をふるうフィレンツェを逃れて、郊外の館で脱俗の生活を始めた。毎日一人が一話、十人が十日間にわたってくりひろげた百話が、ボッカッチョによって翌年から書き始められ、一三五三年に完成している。

当時のイタリアの人々は、たとえば次のような文章を読んでは哄笑していた。

「奥さま、お驚きになってはいけません。こうしたことのために、聖性がへりはしないからです。といいますのは、聖性は霊魂のなかに宿っておりまして、わたしがあなたに求めるものは、肉体の罪だからです」。

とある未亡人が、聖者と思いこんでいた修道院長にいいよられ、未亡人が驚きと非難のことばを口にすると、当の修道院長は、彼女を説得する理屈としてこのように説き聞かせたのである。奥さま、わたしが求めているのは、霊魂とは別のあなたの肉体なのです。

なんとも諧謔に満ちた笑い話ではないか。十四世紀半ば、キリスト教の中心地であったイタリアでは、あらわな欲望とそれを満たすための欺瞞が大手を振り、さらにそれを笑い飛ばす諧謔精神が現れていた。

この伝統は、さらに下ってマヌティウスの時代にも健在で、ミラノの領主ルドヴィーコ・イル・モーロに自薦を行った三十一歳のレオナルド・ダ・ヴィンチが、例の鏡文字の手記にジョークを書き残している。

死に瀕した病人の家を訪ねる女性がいた。召使に用件を訊かせると、女は「マドンナ・ボーテ」(善女)と名乗った。病人はさっそく女を通すように命じた。生きている間にぜひとも会いたいという。なぜなら自分の生涯でかつて一度も「マドンナ・ボーテ」を拝んだことがなかったからだという。

陰謀術数を尽くし、カステッロ・スフォルチェスコ(スフォルツ家の城館)で繰り広げられた饗宴のために、あのダ・ヴィンチが進行企画からジョークまで担当し、宮廷人たちは腹を抱えて哄笑していたのである。

ダ・ヴィンチまでに及んだその伝統は、地中海気候の明るさが骨の髄まで染み込んだイタリア人、しかしその明るさの裏側に悪と残虐の黒い影を潜ませるイタリア人のものである。けざやかなアンビヴァレンツ（二律背反）がこのラテン民族の愛すべき特徴だった。伝統は、ずっとイタリア独特の喜劇や仮面劇や仮装舞踏会として生き延びていく……。

『デカメロン』の短編小説群は、ちょうど百話という切りのいいせいか、テーマに応じて、つい分類したくなる。わたしも試みに単純な百分比をつくってみたことがある。文学を定量的な数値で解き明かすことなど愚かなことだが、一興のお遊びと思っていただきたい。

分類のひとつは、聖職者が登場する物語群である。全体のおよそ四分の一に当たる二三％を占め、聖職者を社会的階層や職業とすれば、ほかの階級や職業の登場人物に比較すると、数としてはそうとうに多い。

聖職者といえば、ローマ・カトリックでは次のように分けられている。

教皇、枢機卿、総大司教、教皇大使・公使、大司教、司祭、大修道院長、管区長、修道司祭、在俗司祭（主任・助任）、修道士、修道女である。

『デカメロン』に登場する聖職者は、六一％が修道士・修道女、二二％が修道院長（男女）、一三％が司祭、四％が教皇などローマ政庁の聖職者であった。階級的には最末端に位置し、それだけ在家の人々には身近で数も多かった聖職者が、物語の登場人物になっている。あるいは末端であるだけに、世俗に染まり、神から遠かったのかもしれない。

さらに聖職者の物語をふたつのテーマに分けると、肉体的な情事を扱うものが六五%、それ以外が三五%になった。いかに僧侶たちが肉体や情欲の罪に関わる話が多いかがわかる。

もうひとつ百分比の事例をあげれば、恋や情事をテーマにした物語は全体の五四%あった。『デカメロン』と聞くと、多くの人がニヤリと笑うように、好色譚集と思われている世間の印象は、数字の上では見当ちがいではないのである。

しかし『デカメロン』には、特筆すべきもうひとつの背景があった。『デカメロン』の序曲から通奏低音のように全編に響いている「死」である。

おそらく多くの読者は、なぜ若い男女が語る百の物語の冒頭に当時イタリアを襲ったペストが延々と書かれているのか、内容にそぐわない印象を抱いたことだろう。

作品に登場するイタリアの黒死病は、一三四七年九月、シチリアを発端にして、中部地方のフィレンツェへおよび、猛威を振るったものである。
二、三百年の周期で繰り返されてきたひとつで、『デカメロン』の背景になった十四世紀の大流行は、中国・杭州から、天山北路経由でエーゲ海沿岸に及び、コンスタンチノープルから地中海の主要な港町を席捲した。その勢いは、イタリアからフランスを経てロンドン、北欧、東欧、ロシアまでおよんでいる。
当時、ヨーロッパの人口約一億人のうち、三〇%近くが死に絶えたと推定される大惨事であった。死神クロノスの大鎌になぎ倒されるように、ヨーロッパの主要都市は死と疲弊に打ちひしがれた。

フィレンツェも例外ではなかった。マキャベッリは、『フィレンツェ史』のなかで「この年にはかのボッカッチョの雄渾な文章で有名となった、忘れられない黒死病が猖獗をきわめ、フィレンツェでは九万六千の犠牲者が出た」と簡潔に書き残している。

ボッカッチョ自身も「三月からその年の七月までの間に十万の生霊がフィレンツェの町の城壁内で失われた」と記している。さして広くない、城壁に囲まれたフィレンツェにしては、驚くべき死者の数である。

病状についても言及している。初期症状は鼠蹊部や腋の下に腫れ物ができ、時をおかず全身に広がる。やがて黒い斑点が皮膚に現れ、肌が黒紫色に被われると、三日以内に病人は死に絶えていく。

とりわけ下層・中流階級でひどく、一日に千人以上が死体になった。感染は人だけでなく、動物にも及んでいる。街には至るところ、死体や病人があふれ、その悪臭が薬品の臭気とともに立ち込め、「町の最後の時」が来たと思わせる修羅場を見せていた。

もしもっと詳細に黒死病の惨状を知りたければ、十七世紀のロンドンを襲ったペストのドキュメントを繙読するがいい。『ロビンソン・クルーソー』の著者で知られているダニエル・デフォーが、同時代に生きた体験をもとに『ペスト年代記』を書き残している。

具体的な光景や数字をあげながらの微細な描写から、日ごとに変わるペストの惨状が手にとるようにわかる。たとえば流行の初期、家々の窓からは死者を悼む女や子供の泣く声がつづき、やがて死者の数が増えはじめると、街中に掘られた穴には運搬車によって毎週二、三百の死骸が放り込まれていく。

それもいっぱいになると、さらに巨大な穴が掘られ、二週間で千人を超す遺体であふれた。投げ出される遺体は、はじめはリネンの敷布でくるまれていたが、途中からは裸体のまま折り重なり、穴の周囲に灯されたろうそくの角灯が「凄惨な光景」に淡い光を投げていた。『年代記』末尾は、「時に一六六五年、鬼籍に入るものその数十万」と終わっている。あのニュートンが難を避けて故郷ウイルソープへ向け、ロンドンをあとにしたときである。

短期間に起きたこれほどの大量死は、のちの世紀の人々が目にする近代戦争の殺戮をまだ経験しない人々にとって、何ものも及ばない恐怖だったことだろう。相手は目に見える敵軍ではなく、理不尽とはいえ、戦争という大義名分さえない。

こうした死の光景を呈した一三四七年のペスト発生を契機に、翌年、ボッカッチョは『デカメロン』を書きはじめた。街中は至るところに死体や病人があふれ、その悪臭が薬品の臭気とともに立ちこめ、「町の最後の時」が来たと思わせる修羅場を見せていたという。

作品は一三五〇年のペスト終結を見たのちの一三五三年に完成している。物語の筆を取った一三四八年、まだ三十五歳だった彼は、父親と育ての母親、七歳下の腹ちがいの弟、それに数多くの友人たちを黒死病で失っている。

好色や哄笑に満ちた物語群、放埒な世俗の愛を謳いあげた物語の背後には、人々のおびただしい死と死への恐怖が目に見えない黒い帳のように立ち込めていたのである。わざわざ『デカメロン』の巻頭に悲惨な死の事実を置いたのは、ほかでもない当時の読者に寄せた作者のマニフェストであった。

だからこそ、当時の読者たちは、新たな芽生えが動き始め、修羅場を乗り越える諧謔の精神、死を超えた生への讃歌が作品の背後に脈打っているのを実感していたはずである。

好色や哄笑に満ちた物語群には、キリスト教体制への批判をとおして、ペストの暗い影と対照的な恋や情事の明るさがあふれようとしていたのである。霊魂と肉体が分離し、かねてのキリスト教より、肉体という人間に重きを置いた再生や復興の「ルネサンス」が始まっていた。

十四世紀の刊行当時に読まれていた『デカメロン』は、人が手で書いた写本であった。まだ金属活字による印刷術が普及するまえである。当時のボッカッチョは近くにいる写字生に依頼して、自分の本を作り、必要に応じて献呈していた。

この当時、写字生をわざわざ雇って写本を作ったのには理由があった。

十三世紀の末から十四世紀にかけ、古い封建社会に変化が見られ、貴族とか聖職者といった旧来の本の読者のかたわらに、新しい読者層が形成されつつあった。

市民階層、法曹家、上級役人から、裕福な商人、金利生活者たちへ、書物を必要とする人々が広がっていた。もっと以前なら、朗読に耳を傾けていただけの人々が、少しずつ本を読むようになり、その数がふくらんでいった。

こうした人々に写本が受け入れられ、あわよくば収入に結びつくことを作者たちは夢見ていた。同時に旧来の上層階級人である貴顕に贈呈し、無名の自分が世に認められることを期待していた。いまふうにいえば、富や名誉をひそかに願う文字どおりの「ヴァニティ・プレス（自費出版）」である。

死に裏打ちされたボッカッチョの哄笑と諧謔の精神は、写本の『デカメロン』から一世紀以上たったアルドゥス・マヌティウスの時代に印刷本として刊行されている。しかもモノクロとはいえ、情景描写をわかりやすくした挿画さえ付き、同時代イタリアのほかの業者によっても数回にわたって出版されている。

ハーヴァード大学図書館に架蔵される一五〇四年版は、ヴェネツィアのザンニによって刊行され、二八・五×一九・五センチの大きさである。本文はローマン体で二段組になり、木版画の挿画と絵文字が入っている。

一五一六年版は、フィレンツェでフィリッポ・ギュンタによって刊行され、二〇・五×一三・五センチ、八つ折のオクターヴォ判である。木版画の挿絵が添えられ、文字はイタリック体に変わって、一段組になっている。

一五五二年版は、ヴェネツィアでフェラーラ出身のガブリエル・ジオリトとその兄弟によって刊行され、二一・五×一四・五センチの小型本である。やはり挿画や飾り文字が付き、イタリック体の一段組になっている。

十六世紀初頭、アルドゥスの周辺でも、外形・内容ともに新たな本が誕生し、本の内容や価格で競争する揺籃期から初期成長期を迎えている様子がよくわかる。

この現象は、イタリアからいく筋もの流れとなってヨーロッパに広がり、最終的にはほぼ全世界をおおってしまう。それが本にとって幸運であったかどうか、量産へ到る弊害を内包していたことはすでに触れた。

ボッカッチョの風刺短編集は、つねに出版の正史を歩み、数百年間、たゆまず読みつづけられた。十七世紀の隣国フランスでは、モリエールなどの喜劇が世界の文学史に屹立し、本として歴史から消えることはなかった。

第4章　ジャーナリズムの元祖

四十代半ばのアルドゥス・マヌティウスが印刷・出版を始めた一四九四年から四年後、北イタリア・フリウーリ地方の寒村から同じヴェネツィアにティツィアーノが姿を見せた。少しまえに触れたように、まだ十代末ころで、将来の高名な画家への第一歩を踏み出そうとしていた。

フリウーリなどという観光客があまり訪れない土地をわたしが知っているのは、イタリアの歴史学者カルロ・ギンズブルグが、この地方の異教信仰が異端審問によって悪魔崇拝へ書き換えられた史実を跡付けていたからである。

フリウーリへ行くには、ヴェネツィアからほぼ海沿いに北東方向へA4を走り、アドリア海最大の港町トリエステ方向をめざす。その先はすぐ隣国スロヴェニアとの国境である。途中、A22へ左折して、一挙に北上すると、道はアルプスの国境を越えて、北の隣国オーストリアに抜ける。

傾斜して高地へさしかかっていく一帯がフリウーリ地方で、人口十万足らずのウディーネがいまでもこの地の中心になっている。当時、フリウーリはヴェネツィア共和国に属していた。

ティツィアーノの生まれたピエヴェ・ディ・カドーレは、オーストリア国境が近いアルプス山間の僻村であった。

　悪魔崇拝にまちがえられた農耕儀礼が行われていたのは、彼が生まれ育った同じ時代である。すでに十五世紀も終わるころ、ルネサンスの近代化が進むさなか、一方にはまだ中世の名残りが色濃く滲んでいた。

　この一事でも当時がどんな歴史状況にあったか、よくわかるだろう。歴史は同じ時間に人間の解放、ヴィーナス礼賛、魔女裁判、悪魔主義、解き放たれたエロスといった局面を見せている。

　アルドゥスの仕事場があったサンポーロ地区には、すでに書いたように、ティツィアーノののちの代表作「聖母被昇天」を飾った聖堂サンタ・マリア・グロリオーサ・ディ・フラーリがある。しかし彼の画業すべてが、終生、キリスト教に捧げられていたわけではない。当時の娼婦らしい女性やマグダラのマリアや結婚式の贈物の絵や相当数の肖像画などを描くことがあった。

　肖像画の多くは、近隣列強の王侯、カトリックの重鎮、政界に君臨した領主たちといった同時代の錚々たる人物が描かれている。

　たとえばフランス国王フランソワ一世、スペイン国王フェリペ二世、神聖ローマ皇帝カルル五世、教皇パウロ三世、教皇レオ十世、マントヴァ侯フェデリーコ・ゴンザーガ、同夫人エレオノラ・ゴンザーガ、マントヴァ侯夫人イザベラ・デステ、ウルビーノ公フランチェスコ・マリア・デッラ・ローヴェレなど、まるで彼の晩年は肖像画家の様相を呈する。引く手あまたの注文に律儀に応じ、彼は裕福な生活を手に入れていた。画家としての生きざまは、あのイザベラ・デステが懇願しても、結局、デッサンしか残さなかった同時代のレオナルド・ダ・ヴィンチにくらべると、激動の創造力に満ちた芸術家の魅力が欠けている。

肖像画の中には、あの悪名高いピエトロ・アレッティーノのものがある。肖像画が悪名を馳せたわけではないが、わたしはあまり多くをこの絵について語りたくない。

現在、フィレンツェのピッティ美術館で見ることができ、東京の西洋美術館にも来たことがあるから、ご覧になった人が多いだろう。一五四八年の作だから、ティツィアーノ五十代後半の作品で、描かれたアレッティーノは五十代半ばだった。

実はこの肖像画がよく語られるのは、高名なティツィアーノの画業としてではない。むしろルネサンス期に台頭した肖像画というジャンルが注目されるとき、かならずその一例として取りあげられるからだろう。

以前であれば、一介の市民が自分の肖像画を後世に残すなどありえなかった。だが、個人として自分の存在を主張する自画像や肖像画が、ルネサンス期の新しい動きのひとつ、人間復興の新たな歴史的事例として注目されるのである。

もうひとつ話題になる理由は、ここに描かれたアレッティーノという人物であり、この肖像画に関連した彼の異様なふるまいである。

できあがった作品は、フィレンツェ公爵コジモ・デ・メディチ一世への贈り物だった。

みずからの肖像画をときの有力者に贈る行為は、いまでいえば自己宣伝以外のなにものでもない。高名な画家に描かせれば、それだけ自分の権威が高まり、かしこ所の受けもよくなる。さらに見返りの庇護や謝礼（喜捨）を受け取ることもできる。

この時代、一五二七年のローマ掠奪（サッコ・ディ・ローマ）を機にメディチ家は追放され、フィレンツェは共和制になった。それに先立つ一五一二年以降、ジョヴァンニ・メディチが教皇レオ十世となり、ジュリオ・メディチが教皇クレメンス七世に昇った。かつての隆盛は一挙に途絶えた。

一五三〇年、アレッサンドロ・メディチが神聖ローマ皇帝カルル五世の支配下で復帰し、一五三七年にはコジモ一世がメディチ家を継いだ。一五五五年、シエナを含むトスカーナ一帯を治め、一五六九年、コジモ一世がトスカーナ大公として同大公国が成立した。

肖像画がコジモ一世に贈られた一五四八年にどんな意味があるかわかるだろう。

ましてまだ二十代の末、ローマに滞在しながら、枢機卿ジュリオ・メディチのためのキャンペーンを張り、枢機卿ジュリオが教皇クレメンス七世になってから、フィレンツェの宮廷に伺候していたアレッティーノである。彼には、コジモ一世にしてはかなり高額の年金が支払われていたという。

作品が完成してからしばらく、アレッティーノは画家本人に激しい怒りの手紙を送っていた。作品が未完成で、荒っぽい仕上がりになっているという。たぶん画家もさほど心をこめなかった様子が作品からうかがわれる。

並行して、画家がコジモ公の父ジョヴァンニ・デ・メディチの肖像画をいまだに仕あげていないと非難を並べ立てている。教皇レオ十世となった人である。

前者はまあ個人の意見だからいい。当時のミケランジェロに罵詈雑言を浴びせかけた男である。しかし後者には、別の魂胆があった。

いずれ公表する手紙でいかに自分がメディチ家のことを気づかい、服従しているかを間接的に誇示するためである。アレッティーノの出身地であるアレッツォは、メディチ家が宰領するフィレンツェに帰属していた。

彼の言動は、いつも裏に別の意図を秘める陰謀術数の様相を持っていた。


この件に関連する彼の手紙は、さらに別の展開も見せる。

肖像画をメディチ家に贈ったのに、メディチ家側から受け取ったという返事がいっさいなかった。彼は贈りものの管理をする秘書官をはじめ、関係者に猛烈な手紙作戦を展開する。とくに執事リッチョに対しては、自分と宮廷との間を妨害する張本人として、執拗に告発の手紙を書きつづける。

そんな背景の中で肖像画を見ると、濃いひげを伸ばし、鋭い眼光を投げる相貌、分厚な赤いマントを着けたエネルギッシュな巨体など、いかにも攻撃的な個性が滲み出ている。画家のティツィアーノは、彼の性格を正確に見抜いて描き出したのかもしれない。

アレッティーノとはいったい何者なのか。

わたしはフィレンツェにいた間の春の一日、気紛れに中央駅から列車に乗って、南へ小一時間、アレッティーノの生まれた町アレッツォを散策したことがある。と書いて思い出したが、タイポグラフィのことに触れたペトラルカの教場を見学したのも、同じ時だった。

きわめて小さなこのアレッツォは、その意味で予期もしなかったいくつかの事跡を見せてくれた。もっともそれは予期しないわたしの無知のせいであり、同時にイタリアに広がるあらゆる場所が想像を超えて蓄えている歴史の豊かさを物語っている。

途中、車窓から左手に突兀とした岩山が目を引いた。それもダ・ヴィンチが描いたモナリザの背景になった場所であるらしい。

アレッツォはなだらかな丘の上、城壁に囲まれた小さな町だった。復活祭が終わった快晴の日、イタリアに滞在してファンになった特有のオレンジジュースを飲みながら、半日ほど歩くと、旧市街のほぼすべてを見尽くしてしまう。以前は独立した小さな共和国だったが、一三八四年からフィレンツェの支配下に移っていた。

城壁のすぐ近くに、のちの『芸術家列伝』の著者になるジョルジオ・ヴァザーリの生家跡が残り、二階が小さな資料館になっていた。丘の高みにはここまでいくども登場した詩人ペトラルカの生まれた家跡があった。特に後者の教場跡になった家は、知名度の高かった詩人として、生前から大切に保存管理されていた。

アレッティーノの生家は靴職人だったという。よくある観光案内風の文学散歩が好きでないわたしは、彼の生家にもあまり熱心ではなかった。いまでもヴァザーリの生家がある石畳の小路に、大きな靴の看板をかけた古い店があった。イタリアの町でよく見かける、中世やルネサンス期そのままの店のたたずまいである。

いつだったかアッシジを訪ねたとき、丘の高みに到る坂道に小さな仕立屋があった。土間にすえた分厚い木製テーブルの上には、炭火を使う火のし（アイロン）が置かれ、太った老人が笑顔をたたえて座っていた。中世がそのまま健在といった職人の店が、イタリアはもちろんヨーロッパの古い町にまだかなり残っている。

ただし、アレッツォでは、どこがアレッティーノの生家だかわからなかったし、わかりたいとも思わなかった。ピエトロ・アレッティーノの名は、高貴な出自を装うために出身の地名を付けたもののようで、本名さえ信じていいかどうかわからない。

生家など探しても、あまり意味がないだろうと、当時のわたしは歴史家ブルクハルトの古いことばを鵜呑みにして、小さな城壁の中世のたたずまいを堪能するばかりだった。

古いフレスコ画のある教会にも、ロマネスク建築の白い教会にも観光客はなかった。赤い雛罌粟の咲いた畑では、農作業の老人が東洋人へにこやかに笑いかけた。小さなプラッツァに面した小さなバールでカフェ・カプチーノを含むと、時間が止まった印象がひときわ深まった。

アレッツォのことはすっかり忘れたが、のちになって何度目かの旅でわかったことがある。一四九二年四月、靴職人の父ルッカ・デル・ツーラと母ティータあるいはマルゲリータ・ボンチの間に生まれたこと、母の家系は没落したが、旧家であったこと、実際の父親は母がかつて恋をした貴族ルイジ・バッキで、のちに復縁して一緒に住んだことなどだった。

さらに十代半ばで家を離れ、ペルージアで絵画の勉強をし、作家活動を始め、二十代半ばにはローマに移ったなどと足跡がわかったが、手の内に確証を持たない以上、信じていいかどうか。

彼の言動を読んでいると、母の出自や貴族の父などとともに、興味を引かれ、これまで悪しざまにだけいわれた歴史家からの評価は、変わる可能性がある。ただしいくら貴族の家系といっても、荒ぶれた野生に生きることが多かったイタリア人から察すれば、それほどアレッティーノの実体と評価が一変するわけではない気がする。


それよりも彼の経歴を見ると、いつも権勢のある人に張り付いている印象が際立った。シエナの銀行家、枢機卿ジュリオ・デ・メディチ、マントヴァ侯フェデリーコ・ゴンザーガ、ヴェネツィア元首アンドレア・グリッティ、ウルビーノ公フランチェスコ・マリア・デッラ・ローヴェレなどの庇護を次々と受け、イタリアを転々とする。

身分も門閥も資力もない当時の男として、ふさわしい生きざま、あるいは高貴な出自に見合った生き方だったが、それだけ処世術に長けたしたたかさも思わせる。事実、彼の書いた膨大な手紙の中身は、のちにブラック・メールと呼ばれる巧妙な脅しや辛辣な批判、賤しい追従や物乞いの連続である。よくいえば、ペンの力で生き抜いたパイオニアであった。

このため歴史家ブルクハルトによって、「悪辣なジャーナリズムの元祖のひとり」として書かれている。「意図と手段をもって、この人は自分の獲物にいきなり跳びかかるか、あるいはそのまわりをしばらく歩きまわる」。

現代人のモンタネッリが書いた通俗歴史書にも、似たような評価がある。イタリアの貴顕たちが彼を無視できなかったのは、「彼の二重語義の蔭にひそむ猛毒を怖れたためであった。ピエトロは阿諛と中傷だけでは満足せず、詐欺と恐喝をもほしいままにした」という。

日本人によるアレッティーノ評も似たり寄ったりである。この程度の男に付き合って、手紙や作品を精読するほど暇はないというのが実情だろう。だが、彼にはもっと語るべき多くの側面がある。次章で詳しく触れるが、当面の問題は書簡集である。

冒頭の肖像画ができた一五四八年の前後二十年、彼の書簡集は全六巻にわたって次々と刊行されている。マヌティウスが企画した本が、陸続と出版された直後であり、『デカメロン』の印刷本諸版が出ていた時期に重なっている。

彼の書簡集の特徴は、功成り遂げた文筆家が後世に足跡を残す意図から編まれたのではない。むしろ同時代に生きる人々へ彼特有の批判や中傷や脅しを直に伝え、事実を暴露するメディアとして出版された。

その意味で後世の新聞や雑誌に似た要素が強かった。ブルクハルトが「ジャーナリズムの元祖」と呼んだ理由につながっている。日本では明治時代に発行され、第一面が赤インクで刷られていた「万朝報」が「赤新聞」といわれ、スキャンダルに熱心だったのに似てさえいる。

ギリシャやローマの古典がマヌティウスによって本になった時期、こうした近代に先駆けるような別の出版物が台頭していたことは注目に値する。これもほかならぬ本として、本の黎明期を彩る事実として知っておくべきだろう。

もっと正確にいえば、本としての先駆的な事例であったと同時に、雑誌や新聞の前身としても捉えることができる。時代がさほど進まないうちに、この種の手紙は自己主張や誹謗中傷のチラシとして普及するからである。

政治や宗教といったやや公的な活動で、みずからの意見と批判を展開するパンフレットが、印刷と紙の普及に応じて、ヨーロッパの主要都市に出現した。

出版や言論の自由を主張した十七世紀前半のジョン・ミルトンが残したパンフレット（『アレオパジティカ』）からもわかるように、後期ルネサンスと宗教改革が吹き荒れた時代、ピューリタンによる宗教戦争、専制君主制や選挙政党内閣の中の政治論争は、新聞の前身であるチラシのような印刷物を横行させた。言論による闘いである。

わたしには不幸にも、アレッティーノの書簡集がどのような体裁で刊行されたか、当時の様子を知る手立てがなかった。最後の書簡が出て二年後の一五五九年、教皇パウルス四世によって禁書にされ、この世から葬り去られたことがあったからだろうか。

ただはっきりいえるのは、紙に文字を印刷したジャーナリズムは、アレッティーノの書簡集辺りから始まり、翌世紀には隆盛の道を駆け上がり、やがて二十世紀末から滅び始める。

いずれも裕福な晩年を送ったティツィアーノの肖像画とアレッティーノの文章は、まさしく後世に栄えたジャーナリズムの写真と記事に似ている。紙の本と同じ軌跡をたどってきたことは、消える本とともに記憶していいだろう。

第5章　アレッティーノのおしゃべり

ピエトロ・アレッティーノの悪評は、手紙だけではなかった。

いつの世も良識を振りかざす人たちが隠してきた禁断の領域へ、堂々と彼は足を踏み入れた。禁域とは、いまもむかしも多くの人々が見て見ぬふりをするエロスの世界である。

若いころのアレッティーノは、よく戯曲を書いていた。彼の戯曲は当時、実際に上演され、現在でもルネサンス期の戯曲集に再録されて読むことができる。この時代、社会的な階層を問わず、芝居は人々の楽しみであった。

中世であれば、キリスト教の布教のために、神の秘蹟を伝える聖史劇が多かったが、中世を脱却するにつれ、支配階級への揶揄や攻撃などがテーマとして描かれる喜劇が数をましていた。戯曲を書くことは、お金稼ぎのてっとりばやい手段でもあった。後出するセルバンテスも、兵役でイタリアにいた若い時期に戯曲を試みている。

問題は戯曲ではなく、ソネットとそれに関連する版画である。

ことの起こりは一五二三年、ローマで公表された十六枚の版画だった。一五二四年の説や二十枚だったという説もある。作者はマルカントニオ・ライモンディ。おそらく読者は、この本の男女を描いたコピーをどこかで瞥見したにちがいない。

作品はライモンディのオリジナルではなく、あのラファエロの弟子だったジュリオ・ロマーノの絵をもとにしたとされている。ロマーノは、すぐれた作品で絵画史にきちんと名作を残した画家である。

このちょっと入り組んだ制作の推移は、いまのところこう推測することができる。

第一段階は、ジュリオ・ロマーノが神々の愛の物語を描いていた。ルネサンスの十六世紀には、神話上の神々を人間臭く、現世の人に似せて描くことが多かった。

第二段階で、ライモンディはそうしたロマーノの絵を見て、別の手段である版画で自分なりの表現をしてみたいと思い、ロマーノをヒントに独自の作品を完成させた。神々の愛があまりに人間に傾いたために、わいせつといわれるような作品になった。

手許にあるライモンディの版画集を見ると、神話の神々、聖書の挿話、宮廷人の様子、一般人の日常、高名な画家の作品の写しなどがリアリスティックに再現されている。けっして卑俗な筆致にあふれているわけではない。

当時、彼はヴェネツィアを訪れていたデューラーの版画に感銘し、サン・マルコ広場で購入したと、のちのヴァザーリが『芸術家列伝』に伝えている。デューラーにくらべれば、格の落ちる、深みのない作品だが、ルネサンスの人間を中心にした時代の雰囲気がよくうかがわれる。

そういえば、彼が木版で刷ったアレッティーノの肖像画が残っている。一五一七〜二〇年の制作になっているので、事件のまえからふたりは互いに知り合いの仲だったようだ。案外、ライモンディはアレッティーノに焚き付けられ、いかがわしい版画を作ることになったのかもしれない。

刊行された版画は、即座にスキャンダルになった。アレッティーノの策謀があった（と、わたしは思う）にしろ、なかったにしろ、この版画は密かに売買され、換金目的で配布されたはずである。人間の心情はいざしらず、カトリックの厳格な教えによって封印された欲望は、人間解放のルネサンスを契機に表に噴き出してきた。

ヴェスビオス山の火砕流が被いつくしたポンペイ、古いローマ時代の性表現が発掘によってあからさまになったように、中世の時代まで被われていた人間の肢体が表に姿を見せたのである。

しかしまだカトリック総本山の足許では、中世の影は濃い。一五二四年の秋、ライモンディ本人はジベルティ枢機卿によって投獄され、版木と印刷物は破棄された。ヴァチカンにある「地獄」と呼ばれた禁忌の書庫に一部は封印されただろう。ロマーノだけは北のマントヴァに逃亡した。

アレッティーノがこの版画にソネットを寄せたのは、ライモンディを救出するためだと本人は書いている。が、狙いはそれだけではあるまい。いつも裏のある男の言動だから、いちがいには信じられない。彼もまた難を避けて、ヴェネツィアに逃げ出している。

彼のソネットは、一枚一枚の版画に登場する男女の会話を想定し、説明的になぞったたあいない作品である。強いてここに再現しないが、それよりもライモンディの版画は、執拗に時代の闇をぬって生きつづけたことに注目したい。

あろうことか、一六七四年には、オックスフォード大学神学部の学生が、大学の印刷機を使って海賊版を作成している。そののちも大英博物館やパリの国立図書館、あるいは個人の収集家を巻き込みながら、複製や偽作や断片や描き換えが、連綿と生きつづける。

ピーター・ウェッブは「エロティシズム作品でこれまでもっとも広く議論されたが、未だに杳としてわからないところが多い。誰もが耳にしているが、作品の完璧なコピーの存在は知られていない」と書いている。本体の版画・印刷物は、闇に消えたのである。

アレッティーノのソネットは形無しだが、一方で彼は、幾世代も生き延びる別の作品をそのすぐあとに書くことになった。『ラッジオナメンティ（おしゃべり）』と題された対話体の散文である。

一五三四〜三六年の間に三つの物語がそれぞれヴェネツィアで出版された。ちょうど前述したボッカッチョの印刷版『デカメロン』が出ているころである。表題どおり、全編を通じてふたりの女性がくりひろげるおしゃべりから成り立っている。

二人の女性が三日間に交わした三話の構成になっているが、『デカメロン』の十人の男女による十日間の百話を意識したとは考えないほうがいい。対話の中心になるナンナが十六歳になる娘の進路で悩むのを発端に、自分が経験してきた人生のできごとを話相手のアントニアに克明に語っていくだけである。

それだけに、それぞれの話は微細にわたるリアリズムに徹している。一三五三年に完成し、写本で読まれた『デカメロン』から二百年近く経た一五三六年の表現は、明らかに近代化の波にさらされた写実の手法が行き渡っている。

巷間にいわれるように、十六世紀を代表するエロチシズム文学の白眉であり、文字通り近代ポルノグラフィの嚆矢となる作品であった。

よく訳知り顔のひとが、娼婦は人類の始まりからいた、性にまつわる文章表現は神話時代からあったとしたり顔にいうが、それらは人間の基本である性を真正面から見据える以前のことである。

もし総体的に人間を捉えなおそうとすれば、ポルノグラフィの元祖は聖書であるなどといってすまされるものではない。人間復興のルネサンスであればこそ、当然のようにアレッティーノのような作家が登場していいのである。いや、登場する必然性があったというべきだろう。


ここでいう経験とは、「修道女」「結婚した女性」「高級娼婦」に分けられる。ルネサンス時代の女性が選択できる人生の典型が選ばれ、ナンナみずからの体験をもとにして娘の進路を模索するのである。現在でいえば、未婚のキャリアウーマン、結婚した主婦、水商売の女性などとでもいえるだろうか。

その体験談があまりにあけすけでスキャンダラスなため、眉をひそめる人がいる。後世もふくめて悪評にまみれるが、虚心坦懐に自分を見直し、偽善者の心を取り払ってこの物語を読むと、驚くような人の生きざまの真実が見えてくる。

ほんの一例だが、こんなしゃれた科白がある。

「女の純潔なんてクリスタルの水差しのようなものなのよ。あたしたちがそれをどんなに注意して握っていても、いつかうっかりしたときに、それは手から滑り落ちて粉々に砕けてしまうものなのよ」。

「——仕方がないから、彼を相手に思いをはらしたの。……だって、どんなものだって夫よりはましだからよ。

——でも、こうも言うじゃない、亭主にとってはどんな女も女房よりはましだって」。

修道女、奥方、娼婦、それぞれの生き方や考え方を実に多面的に描き出している。後世の扇情だけを目的にしたポルノグラフィとは明らかに一線を引き、サドやマゾッホやローレンスへつながっていくエロチシズム文学の出発点に位置している。

ふたりの女性が最後に導き出した結論は、娘は高級娼婦にすべきということだった。理由はこうである。「修道女は誓いを裏切るし、人妻は婚姻の秘蹟を破る。だけど、少なくとも娼婦は修道院も良人も辱めたりしないもの」。

普通なら当時の正常な女の生き方と思われる修道女や人妻なのに、人々が正常と思い込む神のしもべや結婚という生き方には、数多くの嘘と裏切りがあるという。しかし悪徳とされる娼婦の生きざまは、人も神も辱めることがない。筋の通った正論ではある。

「同時代の生活に対する機知に富んだ観察、彼の時代の現実の人々に対する皮肉」（ピーター・ウェッブ）が、『ラッジオナメンティ』には際立っているのだ。

くわえて『デカメロン』よりはるかに数の多い恋や情事をつぶさに展開する筆力は、そうとうなものである。リアリズムに徹し、具体的な生活感にあふれた描写、読者を飽きさせない筋運びのすばやさがあり、的確な人間洞察力が発揮されている。扇情だけを目的とした荒唐無稽な内容ではけっしてないのである。

作者のアレッティーノ自身、作中の人物に「ボッカッチョには悪いけれど、『デカメロン』の作者も顔負けってところね」といわせている。客観的に見ても、『デカメロン』を超えた自負にはうなずかされる。まさにこの種の作品のパイオニアにして古典の名に値するだろう。

そういえば、「悪辣なジャーナリズムの元祖のひとり」と書いた歴史家ブルクハルトもこう書かざるをえなかった。「その文筆上の才能、その明るくかつ辛辣な散文、その人間および事物の豊富な観察は、この人をどんな事情のもとにおいても、注目すべき人物にするだろう」。

だからだろうか、この本も、一五五九年、教皇パウルス四世によって禁書とされ、消えていった。以降、数百年ヨーロッパ一帯に「アレッティーノふう」ということばがこの種の本の表紙や扉に繰り返されながら名だけが生き残って、闇のなかを浮遊しつづけていった。

第6章　セルバンテスと本の功罪

『ドン・キホーテ』は、誰でもたいがい子供向きに書き換えられた簡略な物語として読むが、あとになって原作を読み直す機会はそれほど多くない。ドン・キホーテといえば、痩せ馬にまたがり、サンチョ・パンサを従えて、風車に挑む滑稽な男というイメージで終わっている。同時代の『ハムレット』と一対になって、人間性の典型を描いた世界的古典といわれても、読みとおすには、シェイクスピアの一篇の戯曲にくらべてはるかに膨大である。似たような逸話、なじみの薄いスペインの古い時代、入り組んだ筋立てに飽きて、ついには放り出してしまう。

二〇〇五年、世界のあちこちで生誕四百周年のイベントが開かれた。日本でもスペインをまねた輪読会などが催されたが、どこかローカルなイベントの印象をまぬかれない。世界の物語や古典自体が、この国では、多くの人々を魅了する時代ではなくなった。

生誕四百周年といっても、作者セルバンテス自身のことではない。『ドン・キホーテ』が出版された一六〇五年から数えた数字で、つまりは登場人物ドン・キホーテの生誕四百年である。

作者ならいざしらず、物語の主人公の誕生が祝われるなど類を見ないだけ、ドン・キホーテの魅力が大きい証しである。

もっとも初版は一六〇四年の遅くに印刷され、十二月に数百部が配布されていたという説もある。また朗読会は、以前はセルバンテスが亡くなった一六一六年四月二十三日に因んで行われていたとも聞く。

いずれ『ドン・キホーテ』（第一部）の初版が出たこの時期は、ヴェネツィアのアルドゥス・マヌティウスによる出版活動が始まってからほぼ百年が過ぎた時代だった。彼による出版革命がすでにヴェネツィアからヨーロッパ全域に行き渡り、その成果が一般化していた。

初版タイトルページにある「機知に富んだ郷士ドン・キホーテ・デ・ラ・マンチャ」の表題以下、作者名などの文字を見ると、ローマン体やイタリック体が使われ、木版のカットも配置されている。

私が見た初版本は、第四刷りになっている。翻訳者のひとりでスペイン文学者の牛島信明によると、ほぼ一年間で六刷りを重ねたというから、正確な部数はわからないが、当時としてはかなりの量の売れ行きを想像させる。

ただ、わずか一年に六刷りを重ねた事実を今日の出版状況から考えてはいけない。すでに触れたように、まだ印刷技術は機械化された量産体制にはなく、活字の摩滅、紙の差し替え、製本の手作業など、刷数（エディション）は自動的に増えざるをえなかった。

前出の歴史学者フェーヴルの調査では、当時の刷り部数が一五〇〇部を平均にしていたというから、それでも六刷り全体の部数は当時としてはそうとうに多かった。その直後には、ブリュッセル、ミラノでも刊行され、英語訳や仏語訳も出ている。マヌティウスから百年、本自体がかなり一般に浸透した事実を物語っている。

もうひとつ驚かされることがある。『ドン・キホーテ』第一部が出版されたとき、セルバンテスはすでに六十歳を迎えようとしていた。しかも六十九歳の死まで、およそ十年間で『ドン・キホーテ』全巻などの主要作品すべてを書きあげている。

二十代はじめの彼は、当時、スペインの支配下にあったナポリで兵役（歩兵）に就いていた。一五七一年、トルコとの間に勃発したレパントの闘いで負傷を負ったのちもイタリアで兵役をつづけている。

彼がまだ若いころのイタリアは、マヌティウスの始めた出版物が拡大の一途をたどり、ヴェネツィアを中心に本のメッカになっていた。すでに述べた『ポリフィルス狂恋夢』や『デカメロン』の活字本、アレッティーノの『ラッジオナメンティ』や『書簡集』が刊行された時期に直結している。

もちろんマヌティウスが出版したアリストテレスから、ダンテ、さらにプラトンにおよぶギリシャやローマの古典があふれ、入手しやすい時期である。文芸に興味のあったセルバンテス青年が容易に手に入るこうした古典の洗礼を受けた事実は、のちの伝記作家たちがかならず触れている。

イタリアにいた僥倖で、はじめて若いセルバンテスは本の歴史にどっぷりと浸かったのである。マヌティウスの活動は、思わぬところで思わぬ人に影響を与えていた。

晩年の作品『ドン・キホーテ』の執筆にかかるには、青年にはまだ長い時間が残されている。三十代でスペインに帰った彼は、いくつかの売れない戯曲を書き、結婚し、小役人に甘んじる。四十代になると、徴税吏としてスペインの田舎を歩き、集めた金を預けた銀行の破産で五十代はじめまで獄中にいた。一六〇二年、五十代の終わりになってやっと『ドン・キホーテ』に取りかかったのである。

『ドン・キホーテ』発想のもとになったのは、当時、流行していた「騎士道物語」である。一般読者には、ちょっと意外ないい方になるが、もっと正確にいえば、「騎士道物語」という本の存在、本とは何かという問いが発端にあった。

いわば本がもうひとつの主人公であったといっていいのである。

あの滑稽な田舎騎士ドン・キホーテや家来のサンチョ・パンサが主人公でなく、なぜ本が主人公でありえよう？　多くの人は、ふしぎに思われるにちがいない。しかし原作をよく読んでみると、まちがいなくセルバンテスの大長編は、本の存在が物語の中核に位置している。作者は始めから終わりまで、本について語っているのだ。

『ドン・キホーテ』を途中で投げ出した人でも、ごくはじめの方に登場する本の話だけは憶えていることだろう。

第一は、ドン・キホーテが遍歴の旅に出る動機になった本である。五十代になろうとした初老の貧乏郷士は、「騎士道物語」に取り憑かれ、終日終夜、理性を失って読みふけった。

騎士道物語とは、たとえば『アーサー王伝説』などで知られるような騎士を主人公にした冒険とロマンスで構成される。裕福な門閥に生まれた若い騎馬の戦士が、戦さと宮廷生活に明け暮れ、正義、勇気、忠誠、礼節、憐憫などを備えた理想的な人物として活躍する。

ドン・キホーテが所蔵する騎士道物語は、スペインで書かれた同じような内容のもので、活字印刷が登場してから、キリスト教の『時禱集』と同じように文字の読める知識階級に普及していた。

内容もまた「魔法、喧嘩、戦い、決闘、大怪我、愛のささやき、恋愛沙汰、苦悩、さらには、ありもしない荒唐無稽の数々からなる幻想」である。ドン・キホーテは読みふけったあげく、こうした絵空事がほんとうにあったことと信じこんでしまうのである。

さらに困ったことに、この男はみずから鎧や兜に身を包み、遍歴の騎士になるという「世の狂人の誰ひとりとして思いつきもしなかった」考えを実行に移す決心を固めてしまう。これがドン・キホーテの新たな物語の始まりであり、本がなければ、物語は始まらなかったのである。

武具に身を包み、愛馬ロシナンテに打ちまたがり、旅の第一歩を踏み出した彼が遭遇するのは、田舎の安宿や放浪の白首と呼ばれる娼婦たちであった。

ところがドン・キホーテにとって、安宿は「銀色燦然たる尖塔」「跳ね橋」「深い濠」のある立派な城に見え、娼婦たちは「美しい姫君」に見える。こうした逸話が次々と繰り返されるパターンが、物語の基本構成になっている。

第二は、初日の旅から傷を負って帰宅した家で、ドン・キホーテの本が焼き払われることである。彼を狂気の旅に駆り立てた原因の本を知人や家族が無きものにする。「立派な装幀の、どっしりした部厚い本が百冊以上も並んでおり、ほかに小型の本も何冊かあった」のを司祭と床屋がちくいち詮議し、姪と家政婦が庭に放り出して、燃やしてしまう。

お気づきだろうが、大騒ぎのどたばたの背景で、ふたつの側面から見た書籍が語られている。ひとつは荒唐無稽な幻想や夢を醸成し、現実を変えてしまう本、ふたつは現実から見れば、薬になるどころか、ごみにしかならない本である。

むずかしくいえば、本によって夢に生きるか、本を捨てて現実に生きるか、いずれかの選択を本は人々に問いかけている。本が描くような夢物語に生きるか、それを否定してきびしい現実を生きるかである。同時代のハムレットが口にした「生きるか死ぬか」の二者択一と同じように、本を巡るどたばたを通して、セルバンテスは読者に問いかけている。

セルバンテスは、はじめから本を肯定と否定の両面から捉えるふしぎな見方を抱え込み、作品を書き始めたのである。夢に生きるドン・キホーテに滑稽さを見るか、あるいは雄々しさを見るか、読者はどちらにも理解できる。

本を肯定しかつ否定しつつ本を書く作家は、かつてなかった。それは本の存在理由そのものを疑い、本とは何かを問うことに等しい。本それ自体が本のテーマとして背後に横たわっているのである。

ヴェネツィアを中心にアルドゥス・マヌティウスたちが本の出版に邁進した時期からちょうど百年、その渦中で育ったもうひとりの本の生産者、つまり作者から本自体が疑いの目で見られる事態に到ったのである。

ギリシャ、ローマの古典を疑わなかったネオ・プラトニストたちは、一世紀という時間の流れのはてに、考えもしなかった新たな局面に立ち至った。

それは、夢と現実の両面を持つ物語の成り立ちへ向けた問いかけ、本の基盤を揺るがすような問題意識だった。

後世の人はこの局面を物語についての物語、「メタフィクション」と呼ぶことになる。物語が書かれて初めてのできごとだった。

本が普及し始めた時期に提出されたこの疑問は、本が自己撞着に満ちたものとして、わたしたちのまえに差し出されたことを忘れてはいけない。十七世紀の初頭に現れた本の新しい姿であり、本の愛好家には強烈な洗礼だった。

強烈な洗礼でありながら、出版に携わる人々は、えてしてこの問題を忘れがちである。本とは何かを問うことを怠って、やみくもに本作りに没頭している。きっと十六世紀初頭のヴェネツィアが用意した量産と利益の道に埋没したのであろう。

本が主人公の問題提起になることについて、もし作品の冒頭だけの事例で心配な人がいるなら、次のようなことを思い起こすといい。九章のはじめ、『ドン・キホーテ』は、あの迷路に満ちた迷宮都市トレドの市場で買ったアラビア語原稿からの翻訳と書かれ、続編では、物語の主人公がふしぎにも『ドン・キホーテ』の読者にさえなる。

物語の成立ちが『ハムレット』の劇中劇のように複雑怪奇な様相を呈し、読者をめまいのする不安に導く。慧眼な二十世紀の読書家ホルへ・ルイス・ボルヘスは、それを「逆流構造」という。

物語の人物が読者になることができるなら、あろうことか、読者は「虚構の存在」になってしまう。それほどふかしぎな世界を『ドン・キホーテ』は孕んでいた。

ボルヘスは、「心の奥底で、セルバンテスは超自然を愛していた」と書いていた。彼がいう超自然は、本自体がもつ虚構の構造であり、本とは何かという問いかけである。

これこそ本が一般化した十六世紀、若いセルバンテスがイタリアでその洗礼を受けた宿命であり、騎士道物語という古い本を超えながら「近代の最初の本」としてかつてなかった構造をもって登場した新しい姿である。

本を書き、本を作る人々が、この程度の本の構造と世界に対する認識を持たないかぎり、本などけっして生き延びることなどできないはずである。

第7章　ポルノグラフィと裁判

十七世紀のパリの街は、今日の美しいたたずまいからは想像もできない光景を見せていた。わたしたちが目にする今の街並みに整えられたのは、はるかのちの十九〜二十世紀になってからである。

セーヌの河畔は護岸もなく、岸辺には川砂があふれ、雑多な荷舟が係留され、水面には異物が流れていた。同じ時代の版画家ジャック・カロが描き残した作品を見れば、その様子がつぶさにわかる。

そんなセーヌ川に浮ぶサン・ルイ島で、一六五五年八月五日、一冊の本を巡る処刑が行われた。積みあげられた本や原稿や印刷済みの本文紙が焼かれ、作者と思われる人物のはりぼて人形が絞首刑にされた。余計なことだが、この年はアルドゥス・マヌティウスからほぼ百五十年を経過した時点である。

ことの起りは、同年の春にさかのぼる。サン＝ブノワの小教区カンブレに居を構えた小さな印刷屋ルイ・ピオのもとにジャン・ランジュ、ミシェル・ミオーと名乗るふたりの男が現れ、合計三〇〇部の本の印刷、内五〇部は上質の紙での印刷を依頼した。

百五十年まえにイタリアで一挙に増加した金属活字の印刷屋が、パリにもあちこちで小さな店を開き、印刷業者組合が結成されていた。もうこの時代は、隣のイギリスほどではなかったが、政争などのチラシやパンフレットを印刷する需要が高まっていた。

刷り上がった用紙は、いったん作者が引き取って、贔屓の製本屋に渡したと思われる。フランス装と俗に言われる仮綴本の歴史がこの地に長く残ったから、読者が好みの装丁に仕あげる製本屋もすでに街中に店を張っていた。

代金と引き換えに刷り上がりを渡した印刷屋は、本の内容を心配して、パリ書店印刷業者組合の理事ロベール・バラールへ情報を流し、密告におよんだ。身の保全を図ってもらえる警察の手心を期待したのであろう。

特に政争のスキャンダルを攻撃したチラシやパンフレットは、ルイ十四世をはじめ、宰相マザランや財務長官フーケたち、あるいは貴族や僧侶たちの権力にとっては気になる存在だった。強力な絶対王政をめざす王室側とその側近が、神経を尖らすのもうなずける。

警察の反応はすばやかった。印刷人に加えて、製本屋ルイ・フラムリー、いかがわしい口絵を描いた版刻師フランソワ・ショーヴォーを尋問し、調書を取った。六月十二日には、印刷依頼人ランジュが住むファレ夫人の家で、羊皮紙製本の十二冊の本、試し刷りのいかがわしい口絵、それに原稿を没収した。

書店に本を持ち込む情報が入ると、同じ日の夕刻、待ち伏せた警察は、依頼人のひとりランジュを逮捕した。ランジュはもうひとりの依頼人が作者だと主張したが、ミシェル・ミオーの行方は杳としてわからなかった。

八月になると裁判が開かれ、欠席裁判のミオーは、絞首刑、八〇〇リーヴルの罰金、ランジュは、ノートルダム寺院の正面で下着のまま手に燃えさかる松明を持ち、公衆の面前で罪を認めて赦しを乞う罰、五年間の強制労役が宣告された。

ミオーに対する処刑は、行方不明のまま上述のようにはりぼて人形による代理絞首刑だけで終わった。彼が王家直属の近衛隊に所属し、かなり地位が高かったため、行方をくらまして、裁判をうやむやにしたとも推測されている。

使い走りみたいなもうひとりのランジュは、高等法院に控訴したこともあって、十月に処刑が延期された。

書籍のタイトルは『娘たちの学校』という。二十世紀の書誌学者パスカル・ピアによると、「白い狼同様、名のみ高くして人の目に触れることがなかった」といわれるのちの稀覯本である。

古書に興味のある人ならよく知っているテシュネ、クローダン、ライール、レクレールといったフランスの古書店でも、パリの国立図書館やアルスナールの図書館でも、あるいは個人の資産カタログでも、初版本を架蔵した事例は一度としてなかったとピアはいう。

初版がたった三〇〇部しか印刷されず、ほとんどの本が没収され、焼却された『娘たちの学校』であれば、そんなこともあろう。もし存在したとすれば、初版本より十数年のちにオランダで出版された海賊版であるが、それとて十指に満たないだろうと付け加えている。

ただし、オランダ版はかなり出回った形跡がある。フランスに逆輸入された版本が巡回貸本屋の手で宮廷に持ち込まれ、ラ・ドーフィーヌ夫人の官女たちによってヴェルサイユ宮殿でまわし読みされ、全員が解雇された事実が残っているという。

ドーヴァー海峡を越えたイギリスでは、政府の要職（海軍大臣）に就くサミュエル・ピープスの高名な『日記』に記録が残っている。一六六七年、ロンドンのあやしげな本屋で見つけ、逡巡したあげくにこっそり購入し、一読後、汚らわしい本として焼き捨ててしまった。

おそらく読んだあとに捨てる人が多かったのも、当時の本が後世に残らなかった原因かもしれない。

それにしても『娘たちの学校』は、いったいどんな本だったのか。

パリに住む裕福な青年が、ファンションという名の娘に恋をする。ところが深窓に育った彼女はおぼこ娘だったため、近づくことさえできない。計略を巡らした彼は、ファンションの親戚で世故に長けた娘スザンヌに頼み、恋についての初歩的な手ほどきや逢瀬の約束を頼んだ。

ところが、ふたりきりになってみると、ファンションはわけもわからず、青年のさまざまな行為に驚き、迷い、逡巡する。ふたたび青年はスザンヌに頼み込んで、恋の実践を微に入り細にわたって教えるようにいいふくめる。

ふたりの娘の間に交わされる生々しい手管のすべてが、本書の内容になっている。いまから見れば、性教育の本といった印象が強い。

すでに見たように、十六世紀のイタリアで刊行された『ラッジオナメンティ』に、対話という形式、性にまつわる話題という点で類似している。作者は、当然、そのことを意識していたはずである。そのせいで十六世紀を代表するポルノグラフィを継いだ十七世紀を代表する作品として名を残すことになった。

ただしこちらの内容は、イタリア版にくらべ、的確な人間洞察力や時代を見すえる緻密な描写力では劣り、あっけらかんとした読後感が残る。性に関する啓蒙書、実用書といった感じである。

百年の間に本そのものが変質してきたのである。このことを知るには、当時の社会状況を少し知っておく必要があろう。

初版本が刊行された時代は、一六四三年、王位についたばかりのルイ十四世が宰相マザランや財務長官フーケとともにフランスを強大な君主国家に築きあげる時期に当たっている。一六八二年に移ったヴェルサイユ宮殿を中心に、のちの歴史家が「偉大なる世紀」(グラン・シエークル)と呼ぶ絶対王政への道をひた走っていた。

支配階級だった王家を中心に、僧侶、貴族、平民の伝統を継いだ人々がいた。そのなかには、すでに平民から台頭した新貴族や官職に就く役人や商人たちが末席に加わっていた。宮廷の官職や新貴族の称号は、早くから金によって売買されていた。

パリには、田舎に家や土地を持ちながら、街に出てくる都市生活者がたくさん出現し、新しい市民階級を形成しつつある。『娘たちの学校』に登場するファンションやスザンヌの一家は、そうしたタイプの階級であったろう。

もともと平民であった人々が、新しい都市生活者として成り上がっていただけに、彼らの生活モラルは荒々しいものだった。旧来の貴族階級も、古くから戦場を駆けるのがおもな生き方だったため、欲望や野心は剝き出しのまま、宮廷生活に入っても奔放なふるまいはとどまらなかった。

宮廷のただ中で、サロンを主宰した知的な女性たちでさえ同じである。当時の心理小説『クレーヴの奥方』の作者として、後世に名を残したラファイエット夫人は、小説の舞台は少しさかのぼるが、こんな表現を行っていた。「野心と恋愛とは宮廷生活の真髄のごときもので、男も女もひとしくそれに憂き身をやつしていた」「シャルトル夫人の意見はそれと反対で、娘に男女の恋の詳細をよく話して聞かせた」。

ところが、眼を凝らしてみると、思わぬところに別の社会背景があった。

それは前世紀のモンテーニュが『随筆録《エセー》』の中で、若者は三十歳以前に結婚しないのが賢明で、ある程度の年齢に達して資産家の娘と結婚するべきだと書いたことに関連する。社会学者ジャック・ソレは、その理由を経済的な意味が強かったと解釈している。

当時の若者は、将来の生活のために富を蓄え、安定した経済生活を手にするために結婚をできるだけ先延ばしにしていたというのだ。晩婚は若い人々の意識的な志向であるだけでなく、経済社会を安定させ、成長させるルイ王朝の必須政策でもあった。

こうした政策や趨勢は、他方で、経済の発展、秩序や法の遵守と連動して、道徳的な性の禁忌をもたらしている。「性生活の抑圧とむすびついた晩婚」は、当然、わいせつの禁止を掲げることになる。『娘たちの学校』がすばやく当局から摘発され、裁判にかけられ、公衆の面前で処刑されたのはそのためである。

反面、抜け穴が設けられてもいた。「婚前交歩は旧制度の西欧の一習慣であって……婚前交渉は結婚の制度をゆるがすどころか、強固にしている」とソレは書いている。表と裏の両面、昼と夜の二重構造が、社会の習慣や暗黙裏の容認事項として十七世紀を徘徊していたのである。

未婚の若い女性に対し、性についての知識や技術をこまやかに教える文字どおりの『娘たちの学校』は、考えようによっては、婚前交渉を乗り切っていくために書かれた性教育の教科書といっていい。

セルバンテスの本が人を笑わせ、楽しませながら、根っこの部分で本とは何かを問いかける革新的な要素を持っていたのにくらべると、『娘たちの学校』はあからさまで、あっけらかんとした情報だけで読者を引きつける。

平行して、ヴァチカンによる宗教的弾圧とは異なる王権という権力から、秩序を乱すものとして糾弾され、きびしい処罰を受ける。

両面にわたる性格を持ちつつ、十七世紀の『娘たちの学校』は、やや低俗な情報と娯楽と反社会性への萌しを担う本として登場してきた。十六世紀にはなかった本のありようである。

時代の子として生まれながら、後世に先駆ける姿を見せていたのであるが、結局は闇の世界に消えて、裏の世界で細々と生き延びていった。

第8章　ディドロの夢と百科事典

個人的な好みで恐縮だが、わたしは百科事典が好きではなかった。よく辞書を読むのが好きだという人がいるが、強いて自分から百科事典を読む気になれなかった。

人の家を訪ね、書棚に並んだ分厚な百科事典を見るにつけ、主人は平穏な知識で満足する教養人なのだと思ったものである。もし何かに疑問を持ち、知りたいと思えば、事実や現象へ自分の目を凝らし、専門家や専門的資料に当たらないと、真相は見えてこないのではないか。

若者にありがちな傲慢さだったが、百科事典レベルの知識で満足する知的教養人が、鼻持ちならなかったのである。百科事典を持たない農家の人や漁師や職人が、どれだけ事実や自然に深く通じていたことか。

ところが社会人になったばかりのころ、仕事の関係で十八世紀に出版されたフランスの百科事典、正確にいえば、『百科全書、または科学、技術ならびに工芸の合理的事典』の現物を見たとき、その考えは一変した。

こんな百科事典があるのかと、今さらながら、驚いたのである。

その場でわたしは、貴重な古書を読んだわけではない。ほんの数十ページをおそるおそる開き、びっしりつまった文章や微細な図版を眺めただけである。そのあとも二度と手に取って読むことはなく、簡略版で少しばかり読んだり、眺めたりしただけである。

しかしあのとき、二百年もまえに編集された百科全書が、身のまわりの百科事典と決定的にちがうことを直感で感じていた。本の外形ものちになって改めて詳しく知った。

第一巻は、フォリオ（二つ折）判（タテ四〇センチ、ヨコ二五センチ）、仔牛皮装、左右二段組、各段七四行、発行部数四二五〇部。本文の全巻は一七巻、各巻九〇〇ページ以上、一ページ平均一二〇〇語、図録版一一巻という壮大なものだった。

もし現物を見たければ、大学の図書館で架蔵しているところがある。ただし自由に見たり、手に触れたりするのはむずかしい。展示会でも催されるときに、ガラスのケース越しに眺めるだけであろう。古い遺物にでもなった感じである。

この壮大なプロジェクトが、おもに三十代後半のディドロと三十代前半のダランベールを中心に進められたことは知られている。身近にある百科事典が、権威に満ちた学者たちと既存の知識に頼るのにくらべると、この若さはなんと新鮮なことだったろう。

出版許可が下りた一七五一年から完結まで、実に二十余年の歳月をかけていた。

途中、イエズス会による非難・圧迫、国王の名による発行禁止、執筆者たちの確執などがあったが、そのつど乗り越えている。一七七二年、全一七巻と図版の一一巻が完結した。フランス革命に先立つわずか十七年前である。

いったい何が際立った印象をわたしに残したのか。

第一は、図版（エクスプリカシヨン）一一巻の全ページに展開された細やかで詳細な銅版画である。

たとえば、当時の本を造る現場の様子、使われる機械・道具類などが具体的に描かれ、作業の手順がよくわかる仕組みになっていた。少しページをめくると、金属活字の鋳造の仕方がある。「父型」を作り、柔らかい金属に打ち込んで「母型」を作り、合金を流し込んで活字を作る作業が描かれている。

できあがった活字の組み方、刷り方、用紙の折り方、製本の仕方など、手に取るようにわかる。その気になれば、紙の製造工程もつぶさに見ることができる。わたしはその直後に出版の仕事に携わったため、図解とそっくりの工程が、二百年も経っているのに、まだ身近で行われているのを知ることになった。

当時、金属活字による印刷が、最後を迎えつつあった時期だったが、ほぼ二百年もまえの技術が生きていたこと以上に、十八世紀の人々がこうした図解を見て、技術を学ぼうとし、それを支援する百科事典があったことに驚きを感じた。

第二は、この事典の編集者ディドロが書いた当時の「趣意書」である。

ずいぶんあとになって読んだのだが、彼は大体以下のような意味のことをいっていた。……すでに前世紀から百科事典に似たような試みはある。が、この種の本は「いくらかの知識の光明を与える役をしうるだけであって、学問をすることを求めるような人々には、けっして専門書の代りにはならないであろう」。

いわば、以前の百科事典は、ところどころ参照されるだけに適していて、筋道の立った読み方を拒むものであり、本質的には、既存の知識を要約し、わずかに現在の知識を追加しただけのものであるという。わたしが読む気もしなかった二十世紀の百科事典そのものではないか。

第三は、項目（アルティクル）の文章である。

それぞれ力の入った長い文章になっているから、ここでは逐一、紹介することができない。現在では読み返す必要のない記事もあるが、的確ですぐれた表現が多いのに読者は驚くだろう。

それに技術者たちに直に会って書いた内容は、リアリティの点で今日の百科事典よりはるかに勝っている。もし日本語で読みたければ、全体のごく一部だが、文庫本として翻訳が出版されている。

第四は、事典全体をどう構成するかのコンセプトワークと事典全体の項目系統図である。

おそらくわたしが身のまわりによく見た百科事典の各項目は、それなりの理由があって選ばれたことだろう。しかし多くの場合、「百科」といわれるこの世のすべてを項目として挙げ、分類し、相関関係を検討し、組織図のように配列し、選別していく作業は行われなかったにちがいない。

いまの百科事典には、項目をほぼやみくもに並べただけで、新たな項目を選ぶ明確な姿勢がほとんど感じ取れないのである。

それにくらべ、この百科事典は「人間知識の系統図」が事前に検討され、作り上げられていた。総花的に百科を並べるのとは異なり、まずこの世界を見る確かな視点から独自の見取図が描かれていた。

百科事典としての世界観が確立され、項目が取捨選択されて、その上でアルファベット順に並べられているのだ。


この時代に先立つ十七世紀では、科学から哲学、文芸まであらゆる分野で中世を凌駕する新しい知の領域が切り拓かれていた。文字どおり近代の始まりである。当然のことながら、コペルニクス、ケプラー、ジョン・ロック、ニュートン、デカルト、パスカルなどの業績を引き継ぎ、集大成を行っている。

それだからこそ、時代を突き動かし、変えるだけのエネルギーをこの次の世紀の事典が持つことになる。単なる教養主義や平板な知識の総まとめだけではなかった。

一七七二年、百科事典が完結したときには、ルイ十四世を継いだルイ十五世の五十年間におよぶ親政が終わりにさしかかっていた。この間、フランスの産業が急速に進展し、対外貿易の隆盛、海港、商業都市の繁栄がつづく。そこで得た資金が国内の産業に資本投下され、「市民経済の優先時代が到来した」。

パリから離れてヴェルサイユ宮殿にこもった王家は、次第に額に汗をして働く国民から離れ、専横と独善に陥っていく。ついに一七八九年、新たに台頭した貴族や平民が、憲法と国民議会の制定を要求するにいたった。

武力で国民議会の制圧に抗したパリ市民が蜂起し、バスティーユ城の襲撃が勃発した。フランス革命の始まりである。やがてルイ十六世、王妃マリー・アントワネットたちが処刑され、王権はついに終わりを迎える。政治体制は一挙に共和制に移っていったのである。

その革命に百科事典が果たした役割は大きかった。膨大な巻数の百科事典とはいえ、単なる本でしかない出版物が政治体制をくつがえし、時代を一変させる一因になることなど、そうたびたびあるわけではなかろう。

それほど『百科全書、または科学、技術ならびに工芸の合理的事典』の企画と刊行は、時宜をえたものだった。わざわざ科学や技術や工芸を選択した編集方針は、時代が要請していたからこそである。

それでも時代が過ぎると、役割は変化する。次の十九世紀になると、イギリスで産業革命が始まり、百科事典に取り上げた技術は、別の新たな技術を誕生させていた。いつまでも前世紀の啓蒙主義が、有効であることはない。いずれ第一線から身を引いて、過去の遺物になる運命をディドロたちの本は迫られていた。

十九世紀になってからの科学技術の変化について、現代の科学者アイザック・アシモフはうまい比喩を使っている。

「一八〇〇年までの科学といえば、まるで果樹園のようなものだった。……今日では、科学という果樹園は、地球をとり巻く巨大な怪物となり、そこには一枚の地図もなく、誰も道を知らない」。

十八世紀までの科学は、見通しのきく果樹園のように、だれの目にも全体を見渡すことができた。しかし十九世紀になってから、科学が細分化され、全体の見通しがきかなくなり、現代ではさらに細分化が進んでいる。

現在の科学者プリゴジンは、素粒子物理学は10のマイナス15乗センチの距離と10のマイナス22秒の時間、一方の宇宙論は10の10乗年という広大な領域に拡がっているという。ごく平凡な社会生活を送る大多数の庶民が、いったいどれだけ遺伝子工学、量子力学、電子工学、宇宙物理学などを理解できるだろうか。理解できないにもかかわらず、こうした最先端科学と技術が、刻々と地球上の人々の生活を変えていく。

当然、新たな時代の百科事典は、ディドロとはちがう全体図を必要とする。ただし残念ながら、一般市民を任じる人々、あるいは旧式の知識人たちに対し、もはや百科事典自体が成り立たない。

視覚化さえできない超微細あるいは超巨大な技術、地図さえ描けない知の錯綜は、百科事典を無用のものとしてすでに消滅させてしまった。

第9章　心の闇と恐怖・怪異譚

仕事をかねてイギリスに滞在する機会はそれなりにあったが、ついにストローベリー・ヒルの城館を訪ねることはなかった。ロンドンの中心から西へごくわずかな距離だから、思い立てばすぐにでも行けるのに、なぜか足はそちらに向かなかった。

公開している日時がかぎられていたことがあった。それ以上に強いて見たいという気が起きなかったのは、建物が中世のゴシック建築を模倣した小さな館で、後世、物語のモデルにふさわしく改装されたせいだった。

物語とは、一七六五年、ホレス・ウォルポールが自費で刊行した『オトラント城綺譚』である。ときの首相の子に生まれ、国会議員まで務めた作者が、みずから手を加えたゴシック様式の城館を舞台に見立て、遊び半分に書いた本である。

金持ちの遊びとはいえ、刊行当時、多くの人々に受け入れられ、のちになっても、十八世紀後半から一世を風靡したゴシック小説の濫觴として高い歴史的価値を与えられている。

二百年の歳月を隔てた一九七〇年代に再評価の動きが起き、日本でもはじめて翻訳が刊行された。当時、全共闘による学生運動が終わり、安田講堂に象徴された廃墟跡に何か意味を紡ごうとしたのか、幻想的な作品へ傾斜する動きがゴシック小説にも及んでいた。

そのわりに『オトラント城綺譚』は、どこか類型的な印象をまぬがれない。後世から見ればという条件付きのせいだったろうか。当時は、かつてなかった新鮮な驚き、あるいは十八世紀という時代の感性を突き動かす新しい要素が読者を引きつけていた。

イタリア半島の南端近く、オトラントにある中世の城で起きる事件は、城主マンフレッド公の子息コンラッドの婚礼の日から始まる。花婿が巨魁な兜の下敷きになって圧死する怪異なできごとだった。

花嫁になるヴィチェンツァ侯息女のイザベラ、城主の奥方ヒッポリタ、長女のマチルダ、それに城主マンフレッドたちは悲嘆にくれる。その渦中で気になることが少しずつ明かされていく。

どこからともなく現れた巨大な甲冑、跡取りを失った城主の新たな陰謀、悲しさの中でよそよそしい花嫁などが、読者の興味を掻き立てる。城にいい伝えられた「まことの城主成人して入城の時期到来しなば、当主一門よりこれを返上すべし」(平井呈一訳)も、これから起きる事件の伏線に思える。

ついでだが、この平井訳は、本人から直に聞いたことばによると、江戸期の文人建部綾足の文章を模した擬古文として日本語化された。平易な現代語訳で読むと、古色蒼然をねらった物語が平板になるという。擬古文の訳は、たしかに古城の怪奇なできごとにふさわしい。

擬古文版の企画と編集をまだ駆け出しの編集者だったわたし自身が担当したせいもあるが、擬古文にしたことで、現代文訳とちがった世界を再現させたのには驚いた。翻訳の名手として、生田耕作、澁澤龍彥とならんで、平井呈一は当時のわたしには燦然と輝いていた。

物語の展開は、作品の性質上、くわしく触れない。城主が息子の花嫁に強いる姦計、巨大な甲冑の秘密、イザベラに起きる事件、伝わる予言の意味などが、物語の進展とともに明らかになっていく。

冒頭に謎を配置して読者を引きつける手法は、この作品からゴシック小説の常套手段になった。不可解な事件、緊迫した状況、超自然現象、古い予言、中世の城館、地下室、窮地に立つ美女といった要素が満遍なくちりばめられる。

次々に展開する情景は、いつも恐怖や不安に包まれている。ほんの一例をあげれば、城館の暗い地下迷路であり、聖ニコラス寺院へ地下道を逃げるイザベラであり、漆黒の闇に戸を揺るがす風の音であり、鎧を着けた大入道の幽霊に騒ぐ家来たちの声である。

なぜこうした小説が十八世紀半ばになってイギリスに誕生し、多くの読者を引きつけたのか。淵源のひとつは、同時代に生きたイタリアの建築家《アルキテートト》から語ることができる。

ウォルポールに遅れること三年、ジョヴァンニ・バッティスタ・ピラネージが、一七二〇年、ヴェネツィア共和国に生まれた。父親は石工職人の棟梁で、家業を継ぐことを期待された。母方の叔父にも建築家がいて、彼の夢はふくらんだ。

この時代、イタリアでは古代ローマの建築を理想とする考えが主流だった。そのため彼は十九歳でローマに行き、勉強のために古代の遺跡を訪れてはスケッチを重ねた。だが、たやすく建築の仕事に就くこともかなわず、スケッチを銅版画にし、ローマを訪れる観光客相手の版画店を開く。

彼自身「アルキテート・ヴェネツィアーノ」と名乗っていた。この「アルキテート」というイタリア語は、日本語の建築家とちがってもっと広い意味を持っている。建物の設計・施工だけでなく、インテリアからグラフィックまで、建物に関連するあらゆるデザインを仕事内容にふくんでいた。スケッチは当然、必須項目である。

彼が描く古代ローマの版画は、古代の建物だけに必然的に廃墟が中心になる。いまでもフォロ・ロマーノと呼ばれ、ローマ旅行者を引き付けている遺跡である。当時の流行だった奇想画「カプリッチョ」の影響もあり、空想をまじえた廃墟やカタコンベや地下牢を描くことが多くなった。

のちにまとめた作品集も『空想の牢獄』という表題だった。

幸運なことに、この版画シリーズの現物をわたしは日本でじっくり観る機会があった。銀座の画商が購入したのを由良君美先生の紹介で時間をかけてじっくり鑑賞し、一時預けの鎌倉美術館で写真の撮影もできた。印刷本で見るよりはるかに大きく、迫力があった。

彼の版画店を訪れる客は、北ヨーロッパからアルプスを越え、キリスト教の本拠地、ヨーロッパ文化の故郷、温暖な南の国へ押し寄せる人々だった。ピラネージの小さな店がトレドの泉に近かったのも、ルネサンス時のヴェネツィア、サンマルコ広場でデューラーが版画を売ったのも同じ理由からである。

観光客の中には、イギリスの上流階級が子弟を遊学に送り出す「グランド・ツアー」（大旅行）の若者たちも数多くいた。

のちにゴシック小説の作者たちになる男性のほとんどが、こうした旅を経験している。風景画は、多くの旅行者にとって旅先で買う絵葉書めいていたが、ただウォルポールを含むイギリス人にとっては、遠い異国で出会った風景画が、きわだった感性の共振をもたらしていた。

旅先で出会った風景が、イギリス人の感性の底でひしめいていた感覚を突き動かし、新鮮な感動、新奇な情念、新たな美意識、最新の趣味を掘り起こしたのである。

同時代のエドマンド・バークは、「崇高と美」ということばで要約した（『崇高と美についての英国人の観念の起源に関する哲学的考察』）。

抽象的でわかりにくいが、当時のイギリス人が見出した美の観念が、かつて体験したこともない、畏怖を抱かせるほどに崇高な光景によってもたらされたという。驚きや畏れを感じさせる崇高さが、新たな美の規範になったのである。

廃墟や地下牢を描いたピラネージの版画が、その一例だった。彼の版画にある奇想、原初、粗野、荒廃などが、ヨーロッパの遠い田舎に住むイギリス人たちの美的感覚や美意識をゆさぶった。

やがてその感覚は、一種の流行として一般のイギリス人の間に広まっていく。国内にある教会や修道院の廃墟、地下室、奇抜な景色が注目され、多くのイギリス人が見物に訪れるようになっていった。

なかには「グランド・ツアー」の経験がない女性たちも混じっている。彼女たちは、ピラネージの版画やそれに類した絵画によって、新たな美的感覚に目覚め、流行となる美意識を養っていたのである。

廃墟になった古い建物のほとんどが、東ローマ帝国を滅ぼした野蛮なゴート人に由来するゴシック建築だった。「崇高と美」の感性は、ゴシック様式に集約され、ストローベリー・ヒルに建てたウォルポールの城館のように、フェイク（にせもの）としての建造物を再現するようにさえなった。

作家自身の新たな感性の発見もあったが、『オトラント城綺譚』は、反面で国をあげてのゴシック流行熱という時代風潮に支えられていた。それだからこそ、男女を問わぬ読者に熱狂的に迎えられたのである。

ルネサンス時代にゴシックを野蛮ときらったイタリアの嗜好が、場所を変えたイギリスの十八世紀にふたたび一回転してもとへ戻ったのである。ゴシック小説の流行はこのあと陸続とつづき、イギリスの世紀末作品として際立ったのである。

クレアラ・リーヴ『イギリスの老男爵』（一七七八年）、ウィリアム・ベックフォード『ヴァテック』（一七八六年）、アン・ラドクリフ『ユードルフォの謎』（一七九四年）、ウィリアム・

ゴドウィン『ケイレブ・ウィリアムズ』（一七九四年）、マシュー・グレゴリー・ルイス『マンク』（一七九六年）、アン・ラドクリフ『イタリアの惨劇』（一七九七年）、チャールズ・マチューリン『放浪者メルモス』（一八二〇年）などである。

慶賀なことに、これらのほとんどの邦訳版が本書の版元である国書刊行会から出版されているから、逐一、説明することもなかろう。注意書きしておきたいのは、それぞれの作品が、ゴシック小説の始祖『オトラント城綺譚』にくらべ、小説技法の点でも内容の点でも巧みさと深みを増している点である。

たとえばマシュー・グレゴリー・ルイスの『マンク』は、スペインの尼僧院を舞台に若くて高潔な修道院長アンブロシオ、少年見習僧に変装して彼を誘惑するマチルダ、若い貴族の妹アグネス、彼女を慕うドン・レイモンド侯爵などさまざまな登場人物を配して、物語を織り成していく。

僧院の暗い地下の牢獄、森の中の一軒家で起きる悪だくみ、追われる若い女性といったスリルに満ちた事件が次々とくりひろげられる。陰謀、誘惑、エロチシズム、堕落、地獄といったテーマが、読者を飽きさせることがない。

ゴシック小説の真髄は、結局、ふたつの方向性を併せ持っていた。

第一は、人の心の奥深くにある闇の世界へ読者を導いたことである。

『ユードルフォの謎』で修道院の廃墟にさ迷いこんだ女性が、目に見えないものの影におびえながら歩くように、読者は心の闇へ誘い込まれる。いかにも行方を見失った十八世紀の世紀末らしい現象である。原初への回帰、心の闇への回帰である。

それだけに闇のなかに見る幻視の領域が広がっている。平板な日常の現実にもとづいて描く世界とは異質の夢幻が、作品の中心を支配する。前出の百科事典に見られた啓蒙や理性への反動と見ることもできる。すぐあとにつづくロマン主義の先駆となり、人間の意識を変え、新たな作品を登場させるきっかけになった。

第二は、娯楽性である。

読者の情感に訴えることを目的にしたため、扇情的な要素が強まり、結果として類型的な平板さをふくみながら、好奇心を刺激して楽しませる娯楽小説の要素を持つようになっている。

とりわけゴシック小説では以前にまして女性作家が出現し、女性の読者が増えたのもその証しであろう。中産階級もふくめて、安定したこの世紀のイギリスで、ひまを持て余した女性たちがこぞって読書にいそしんだのである。

多くの人がゴシック小説にのちの幻想小説、怪奇小説、推理小説、異端小説、時代小説のはじまりを論じる。いずれにしろ打ち捨てられた廃墟や暗い地下世界に幻想を描いた作品は、かつて刊行された本のひとつの典型をなし、後世につながっている。

数多い女性たちを引き付け、夢中にさせた感情に訴える散文は、本の量産化につれ、ますます多くの女性たちにとって、胸の高鳴り、涙腺の刺激、背徳への慄きなどを一時的にもたらす小道具になっていった。

反面、はるかのちのコンピュータによる新たな「本」と通じていたのである。本書後半に登場するコンピュータ・ゲームの一種マルチユーザー・ダンジョン（MUD）の「ダンジョン」(Dungeon）は、中世の古い城の地下牢を意味している。

まさにコンピュータという機械の中に書かれた仮想空間のテキストが、ほかならぬダンジョンとして、ゴシック小説の場所を引き継ぎ、自我の「複数分散システム」のメタファーとして、消費されるテキストの欠陥をあからさまにするのである。

第10章　詩人マラルメと究極の本

これまで語ってきた本の歴史が、十九世紀末、最後の極点を迎えようとしていた。作者の死後になって公表された一冊の詩集だったが、そこにこめられた本のイメージは、二十世紀になって人々を驚かせ、新たな神話として語り継がれるものだった。

文字を中心にした最後の本のイメージ、「入念に熟考された建築物のような書物」、物質的なオブジェと化した究極の本である。しかもその詩人は、「世界は一冊の書物に到達するために存在する」とさえいいきっている。

なまえはステファヌ・マラルメ、フランス象徴主義を代表する詩人である。一見してその生涯は、波瀾万丈の人生とはほど遠く、どこにもありがちな平凡な市民生活に終始していた。

一八四二年のパリ、祖父の代からつづいた「登記管理局」の役人だった父に生まれ、母は生後五年で急死、祖父母の手で育てられる。父の再婚もあって、以降はいくつかの寄宿学校で学生生活を送った。

上流家庭の子弟の中で次第に周辺に対して反抗的になり、自分の殻に閉じこもる。十五歳のときに、何でも打ち明けていた妹マリアを失い、二年後には、淡い恋を抱いていた若い娘の死に遭遇する。

強いていえば、反発と喪失に捉われながら、鬱屈した心情を抱え込む若者だった。

文学の道に進むため、父の反対を押し切って英語教師をめざす。短いイギリス留学をへて、二十一歳でトゥルノンの中学に奉職した。教師生活は、以降、ブザンソン、アヴィニョン、パリとつづく。この間には結婚もした。

二十歳前後に遭遇したボードレールの『悪の華』に魅了されたのは、彼の「メランコリックで神秘的な気質」にふさわしかったこともあったろう。同時に平凡な日常生活、父親や学友たち、身のまわりの人々の凡庸な生き方への反発があった。このころから少しずつ詩作を始めている。

詩人としての出発点にありながら、二十代の若者はすでにこの時期、ある種の到達点に立とうとしていた。

マラルメの研究家ギィ・ミショーの言葉を借りると、二十歳で自分の詩の原理を見出した彼は、「詩は万人に読まれるというものではなく、神秘に満ちた秘儀の参入者にのみ許される閉ざされた世界」と考えるに至っていた。

いつの時代も売り上げを勘定する出版人にとって、なんともおぞましいことばである。

何かを訴え、興味を引き、情感を煽って、読者に押し付けられる本ではなく、密かに限られた少数を内側へ導くだけの奇妙な本である。

出版を「パブリッシュ」(公に向けて押し出す)という表現や、「エクスプレス」(外へ向かって押し出す)という語源の常識からすれば、かなりおもむきを変えた本の成立である。フローベール伝『家の馬鹿息子』を書いた哲学者サルトルは、馬鹿息子が社会、家族、自然、自分に「やり場のない反抗心」を感じていたと書いたが、マラルメ論でも反抗は政治・社会運動に進まず、「静かな観念」に変貌し、詩へ向かったと同じ趣旨のことを口にしている。

人間の思考も行動の規範もすべて欺瞞に満ちた日常への反抗、閉ざされた詩の世界への参入、この背中合わせになった接合点にマラルメの詩作品が成立しようとしていた。

反逆と神秘の世界は、具体的にどのようなものだったか。

一例は『イジチュールまたはエルベノンの狂気』である。一八六九年、二十七歳のころに友だちに朗読してみせ、執筆の様子を書簡で語っている。草稿の全容は、死後になって明らかになった未完の散文詩である。

フランス語の原典に即してマラルメの詩作品を的確に理解するには、わたしのような浅学ではむずかしい。マラルメの研究家で浩瀚な論文を書いた菅野昭正のことばを借りると、概略は以下のようになる。

主人公のイジチュールは、真夜中、部屋を離れ、闇に包まれた階段を降りて地下の墓へ向かう。「そこで骰子の一振りによって《絶対》の存在を確証し、先祖たちの遺骸のそばに横たわって最後の瞬間を迎えようとする」。

むずかしい表現だが、ここでいいたいのは「自我」の属性や思考を無化し、「偶然」「無限」「絶対」など、個人を超えた至上のものへ到達しようとする試みである。神秘的な詩の世界、秘儀の世界へ降り立とうとしていたのだ。

おそらく読者は、前章のゴシック小説にあった廃墟の地下をたどる物語を思い起こすだろう。ゴシック小説には、ひたすら恐怖という感覚に訴える目的が多かったが、ここではさらにそれを進め、根源的な問いかけと解答を模索する地下世界への探求が行われている。

もう一例はそのゴシック小説、すでに触れたウィリアム・ベックフォードの『ヴァテック』に寄せたマラルメの興味である。

もともと『ヴァテック』は、一七八二年にフランス語で書き始められた。語学に堪能だった作者がみずから書いたものである。一七八六年になって英語版がイギリスで刊行されている。ほぼ『イジチュール』と重なる時期、マラルメはフランス語版『ヴァテック』の再刊と序文執筆に時間を費やしていた。百年近くまえのフランス語版になんらかの方法で接したか、英語版を読む機会があったのだろう。

再刊に意欲を見せ、「もっとも念を入れて書いた散文の一つ」と自負した序文まで書こうとしたのは、彼がこの作品に強い共感を抱いていたことになる。

作者ベックフォードは、『オトラント城綺譚』の作者ウォルポールと同じように、ロンドン市長の息子という富豪の家に生まれ、若いころにイタリアなどのヨーロッパ諸国を旅している。

フォントヒルに高い塔を持つ広壮なゴシック様式の僧院を建て、膨大な書籍のコレクションに囲まれて独居したのも、どこかウォルポールに似ている。ただこちらの建物は、現在すでに一部を残すだけの廃墟のようになっている。

実際に『ヴァテック』を読むと、数あるゴシック小説のなかで、かなり異質な感じがする。広壮な城館、主人公の横暴な王、地下の魔界といった点ではゴシック小説の型を踏んでいるが、ここにはもっと壮大できらびやかな夢想の世界が開けている。

第一に、イタリアの古城、スペインの僧院などとはちがう古いアラビアの世界が舞台になっている。第二に、恐怖感を煽って読者の感覚を刺激する以外のテーマが作品にこめられている。一七〇四年、アンワーヌ・ガランによって翻訳紹介された『アラビアンナイト』が濃い影を落としている。

アッバース朝九代の王に当たる若いカリフ（教王）ヴァテックは、父王の建てた丘の上のアルコルレミ宮殿に住み、さらに食、音楽、美術、香料、美女の五つの宮殿を建て増し、逸楽をほしいままにしていた。

一方で天の秘密をうかがう高い塔を建て、毎夜、頂上に登って星辰の動きに未来を占っている。そんなある日、ふしぎなできごとを予告する異人が現れる星兆が見えた。この異人の出現をきっかけに、ヴァテックは物語の核心となる地下の宮殿へいたることになる。

すでに一九三二年、矢野目源一による翻訳を筆頭にいくとおりもの日本語訳が委細を尽くして刊行されているから、具体的な内容はそちらで十分堪能していただきたい。

マラルメが興味を持った理由は、彼自身のことばによると、「大空が読まれる高塔の頂で始り、地下の魔界深く降りて終る」物語の構成であり、「あくなき欲望と結託した魔術の実践」を望んだ主人公のありようである。

前出の菅野昭正のことばを借用すると、次のようにもなる。

「彼は自分の中にわだかまる不快さを見つめ、そしてその不快さから逃れようとする。そういうヴァテックの姿の中に、マラルメは、物質的な存在として地上に縛り付けられながら、その閉鎖された状態を脱れようと腐心する人間の映像を見ていた」。

すでに見た『イジチュール』と同じように、現実の自分が置かれた呪縛を脱して、「偶然」「無限」「絶対」といった純粋な「イデー」(観念)に到達しようとする「魂の動き」に共感を抱いていたのである。


二十代からのこうした探求は、マラルメの生涯をとおして、さまざまな詩作品をへながらつづいていく。一例をあげるとすれば、詩のことばへのこだわりと新たな認識である。

周知のように、「詩語」は、一般の散文に用いられることばとはちがっている。というより、マラルメは異質の存在として考えていた。

たとえば、「私が《花》という時、わたしの声は、はっきりした輪郭をなにもあとにのこさず、すぐに忘れられてしまう。が、同時に、われわれの知っている花とはちがった、現実のどんな花束にもない、におやかな、花の観念そのものが、ことばのもつ音楽の働きによって立ちのぼるのである」。

しかもこの「花」という詩語は、花束の中に存在しない花を浮び上がらせ、「メタファー」（比喩）や「シーニュ」（象徴・表象）として詩の中に君臨し、詩作品を構成する。

結果として、詩作品は日常性を解き放ち、新しい形象や価値をおび、幾千の美として整然と花開きながら、日常生活の虚しい深淵に橋渡しをする。象徴主義といわれるゆえんであるが、無意味な日常を爆破させる観念的なテロリズムでもある。

詩人の近くにいて、のちに『象徴主義の文学運動』を書いたアーサー・シモンズによる一文、「ことばそのもののためではなく、暗示による以外にはことばでは表現できないものを表現するために用いられなければならない」もその辺の事情を物語っている。

一八九七年、死を迎える前年、マラルメはある雑誌に『骰子一擲』（Un Coup de Dés、さいころのひと振りという意味）と呼ばれる一編の奇妙な詩を発表した。この書籍の合計二十ページ、十の見開きページには、一見して無秩序とも思われることばが配列され、それぞれのことばの連なりからは、日常的な意味を読み解くことはできない。

波濤の海域に揺れ動く難破船の様子から始まる詩語は、見開き二ページの空間でそれぞれが微妙に呼応しながら、白い紙面の上に新しい形象や価値をおびるイメージを浮きあがらせる。原初への回帰、心の闇への回帰の果てに見出した、マラルメのひとつの帰結だったろう。

詩人は校正用のゲラ刷りに推敲のペンを走らせていた。だが、一冊の詩集として刊行されるまえに五十六年の生涯を閉じた。

もし興味があって、少しフランス語を学んだ人は、薄い原語の本を広げて、辞書を片手に何か浮かんでくるイメージを試していただきたい。日本語訳も試みられているから、ご覧になるのもいい。

「詩は万人に読まれるというものではなく、神秘に満ちた秘儀の参入者にのみ許される閉ざされた世界」であるから、本に近づき、本の内側に参入することさえむずかしいけれど。

しかしこの本こそ彼が夢想した「入念に熟考された建築物のような書物」、物質的なオブジェと化した究極の本ではなかったか。しかも「世界は一冊の書物に到達するために存在する」と書いた書籍ではなかったか。

アーサー・シモンズが「ことばは彼が選ぶように選べば、彼にとっていわば解放の原理であり、この原理にもとづいて魂は物質から抽出され、形を取り、おそらくは不滅性を帯びる」と書いたそんな不滅性を持つ一冊の本ではなかったか。

マラルメの試みは失敗だった、という意味のことをシモンズは口にしている。真偽のほどを語る資格はわたしにはないが、ここには、十九世紀最後になって、本によってはじめて可能になった人間の精神がたどる新たな軌跡を見ることができる。

結局、この作品こそ、究極の本だったかもしれないのである。

第2部　電脳空間の本——コンピュータの中の本の登場

序章　未来の本と変化への予感

西暦一五〇〇年前後を境にして、わたしたちが身近に見るような本が登場し、さまざまなジャンルの書籍として、発行されつづけてきた。

過去五百年の歴史の流れの中で展開されたそれらの本は、現在でも似たようなフォーマットを継承している。いったん生まれた近代の本は、もののみごとにデザイン（表装や構造や素材）を変えることなく、寄せては退く波のように反復運動を重ねている。

「書物は内容とその容れ物であるだけでなく、そこを出発点としてすべてを見、語り、決定することさえできる《広角》の役割を果たしてきました。書物は目的地であると同時に出発点であり、世界の眺めであり、世界の終わり」と語ったウンベルト・エーコのことばどおりである。

十九世紀末になって、ひとりの先鋭的な詩人が「世界は一冊の書物に到達するために存在する」と考え、設計された建築物に匹敵する一冊の書物を構想・実行したのちも、本の世界はそれほど変わることがなかった。

もし変わったことがあるとすれば、その第一は、形態や内容の変化でなく、量的な変化である。すでに書いたように、はじめからアルドゥス・マヌティウス独特のタイポグラフィ、金属活字の本が内包していた量産への萌芽が、確実に結果を見せたのである。

十九〜二十世紀にかけて、機械化による大量生産と大量消費の波が、本の世界にも押し寄せた。マヌティウスが試みた絵入り本、アレッティーノの告発文、それを引き継ぐチラシやパンフレット、強いていえばポルノグラフィや探偵小説や時代小説までが、写真入の華々しい新聞や雑誌や本として、宿命ともいってよい量産の最終局面にたどりついたのである。

本もまたマスメディアやマスコミュニケーションの一環として、怒濤のような奔流に巻き込まれていった。リテラシー（読み書き）能力の普及も加わって、本の一部は、量産の基本命題である利益追求のための商品、娯楽と情報を提供する消耗品の色を濃くしていった。

新聞や雑誌や一部の書籍のように、多少形態の変化を見せたものもあるが、基本的なところで起きた第二の大きな変化は、質的なものである。

当然、この変化は、大量の人に受け入れられる本の質の変化を伴っている。

たとえば十六世紀のイタリアからヨーロッパに広がったプラトンやアリストテレスの翻訳古典は、時代の先端を行くごく一部の知的人間にしか読まれなかった。発行部数もすでに見たように限られ、十九世紀のような大衆化時代とは、文字どおり桁ちがいである。

それでもアリストテレスの国家観やプラトンのネオプラトニズムなどの新思想は、人々の意識を変え、時代を塗り替えるだけの力を持っていた。力を持っていたのは、発行量ではなく、本の内容の質そのものである。ことばによって表現された内容が高度な思考を経た上で、ことばによって深く展開されたからである。

ギリシャ時代の叡智を集約した哲人たちが、時間をかけて思考し、世界に対する高質な思索を書き残したからこそ、ルネサンスになっても本が消えることなく甦ったのである。

ところが大量生産時代の本は、多数の大衆を相手にする宿命から、表現の質は浅く平板で、だれでも理解できることが必要条件になる。ことばによる思考が浅く、希薄なうえに、思考を極力避けて、感覚や情緒に訴える表現に走り、あるいは教育としての凡庸な情報の役割へ貶められる。

こうした大衆化の渦中にあったまだ二十二歳の詩人リルケは、フィレンツェに旅し、ルー・サロメに宛てた書簡体日記を書き残している。その中で民衆と芸術家との関係に触れていた。大衆は芸術に昼寝や一服の煙草のような楽しみを求める、「何という冒瀆だろう」と書いた。単なる楽しみ以外にも、多くの人々は芸術の教育的価値を語り、気の利いた批評家になるとも書き添えている。

リルケは、芸術作品が街中に息づくフィレンツェのサン・マルコ修道院を訪れ、木造の階段の踊り場に美しい「受胎告知」を残したフラ・アンジェリコと出会う。

美術史家だって観光客だって誰だって、この絵に遭遇して驚かない人はいないだろう。事実、一介の観光客だったわたしにもその絵は忽然と現れた。質素で暗い木造の階段を登り、狭い踊り場を右折した途端、ふと見あげる視線にひざまずいたマリアの敬虔な姿が現れる。いつ訪ねても、清冽で透明な泉が湧き出ているような驚きと錯覚に襲われる。

敬虔な修行僧だったアンジェリコは、「打ち震えることばで、みずからの卑しさを告白する……修道院の壁だけに囲まれ、控えめな清浄さをもって枝を伸ばし、花を開き……二、三の芸術家の心の中に、五月のある朝の追想以上の跡を残さないで潤んでいくことができた」とリルケは書いている。

「はじめに」でも触れたアンジェリコの敬虔は、アンジェリコ（天使のような）という名前のとおり、単純に修行僧として静謐に生涯を送ったということではない。いまでも残っている硬い床の狭い居室にこもり、常人には耐え難い祈りだけの独居をつづけ、頼まれれば出かけて絵を描いた。

もしここがサン・マルコ修道院でなかったら、人によっては、牢獄の一室を連想したかもしれない。それほど狭い石の小部屋では、牢獄にも匹敵する精神と肉体を鞭打つような過酷な日々が送られた。

そのきびしい敬虔があってはじめて、あの「受胎告知」の人の心を打つ美しさを描くことができた。

余談だが、サン・マルコ修道院の回廊に囲まれた静かな中庭の中央、小さく囲んだ植え込みでは、五、六月に訪れると、いつも薔薇の花が迎えてくれた。あれはリルケの薔薇だと、わたしは勝手に決めている。スイスの湖畔で指に薔薇の棘を刺し、敗血病で死んだといわれるあのリルケの——。

芸術は娯楽でも教育でもなく、孤独な人が「自分自身を全うする道だ」と、この大衆化を厭うリルケは書いた。わずか二十二歳の青年の気負いなどと思わない方がいい。詩人の若く鋭敏な感性が嗅ぎ分けたのは、大衆文化の悪臭だったろう。天使のような修道僧は、どこへ追いやられたのだろうか。

一八五七年、初版一三〇〇部が発禁処分を受け、罰金が科された詩集『悪の華』の作者ボードレールがいる。「詩人の目は、人跡未踏の地獄の圏内に没入して、そこで詩人が見たり聞いたりするものはいささかも流行の歌謡を思い起こさせない」と当時の高踏派詩人は理解を示した。

その四年後、『悪の華』再版を熟読玩味したマラルメ少年は、「詩は万人に読まれるというものではなく、神秘に満ちた秘儀の参入者にのみ許される閉ざされた世界」と書いた。マラルメに至る孤高な精神が、大衆化を横目にした流れとして、点綴されていく。

一方、大衆化とともに鎌首をもたげた利益追求は、ルネサンスをほぼ引き継ぎながら起きた宗教改革とプロテスタントの出現で説明された。カトリック教徒が非現実的、禁欲的なのに対し、プロテスタントは現実的、営利的だからといわれた。プロテスタントが、「利益」や「世上の楽しみ」を求めがちだからと。

これに対して、社会学者マックス・ウェーバーの指摘は有名である。「宗教改革が人間生活に対する教会の支配を排除したのではなく、むしろ従来とは別の形態による支配」に変えただけだというのだ。

この指摘は、十七世紀、ニューイングランドのセイラムに上陸した清教徒に始まり、魔女事件を起こして以降、今日に到るアメリカ人の思考や行動を考えると、わたしには恐ろしい実感が湧きあがる。

ウェーバーはそれを個人の幸福や利益ではなく、「超越的なまたおそらく非合理的なもの」であると書いていたからである。

資本と技術の力で世界へ向かうアメリカのフロンティア精神や覇権政治は、利益などよりも、神が自分に善をなさしめるという超越的な使命感を奥底に秘めている。そうした非合理的な考えが、ときに他を圧し潰してでもという、恐ろしく強権的な戦いと支配を引き起こしている。

ニューイングランドのセイラム魔女裁判、そののちのフランクリンの自伝にさかのぼるまでもない。二十から二十一世紀にかけてアメリカ人が始めた最新兵器によるいくつもの戦争、コンピュータと経済理論によるマネー戦争も含めて、世界全体を疲弊させている。

それは、神を盾にした非現実的な使命感がひたすら利益を目指している、どこか狂信的な光景に見えないだろうか。

さらにもう一方、「営利は人間が物質的生活の要求を満たすための手段とは考えられない」としたウェーバーの指摘の先に、奇妙な、しかし必然的な別のアメリカの顔が見えていることにも注意を向けたい。彼らの営利は、通常、考えられるものとちがったとんでもないものを求めている。

それを語るのに最適な人は、イタリアの作家・学者のウンベルト・エーコである。かつて欧州を席捲したローマ時代、カトリックの総本山として西欧を支配した中世時代、十五世紀の近代化を印したルネサンス時代によって、長い間、イタリアはヨーロッパの歴史や文化の中枢だった。

いわば重厚な歴史や伝統を背負う現在のイタリア人の目にこそ、この消費文化の旺盛な新参国アメリカが、的確にありのままの映像を結ぶのではないか。

あろうことか、アメリカ旅行から帰ったエーコは、この国の文化は「フェイク」(模造・偽造)だと書いた。

美術館には、ダ・ヴィンチの「最後の晩餐」が三次元の立体として模造され、博物館では、マンハッタン島をオランダ人から買い取った契約書が偽アンティーク書体で偽造されている。金にあかした新聞王ランドルフ・ハースト(『市民ケーン』)の館は、西欧の建物の無秩序な寄せ集めでしかない。

サファリーパークや水族館では、動物たちは飼いならされた記号になり、ディズニーランドは、蠟人形や石の原寸大模型。西欧文化の発祥地イタリアのエーコから見れば、ほとんどがフェイクに見えるのもむりはない。

彼はその原因について、アメリカ人が深みとしての歴史現実感に欠けるせいだという。しかもハイテクを駆使して、欠如を補おうとする特質も付けくわえる。エーコが最後に振り下ろした一槌は、「歴史は模造するものではない、歴史は作られるものである」のひとことだった。

模造・偽造（フェイク）の文化とは何か。歴史的現実でないアメリカの現実とは何か。いわずと知れたバーチャル・リアリティの文化や現実である。そう、コンピュータの登場によってますます加速された人工現実にほかならない。

歴史資料館を飾る蠟人形は、コンピュータによって生成される三次元画像の原型であり、ディズニーランドのまがいものの岩や人形や水は、コンピュータの自動制御によってまるで自然のように動かされている。

生産技術をコントロールするコンピュータは、三次元画像という人工現実によって、現実に即応したもうひとつの現実を産業の核心に据えている。自動車から最新兵器を経て宇宙技術に到るまで、また現実的であるべき経済行為をコンピュータによるシミュレーションとして動かしている。

アメリカ人は歴史だけでなく、現実も模造している。あげく彼らは、通常の経済的営利とはちがう「超越的なまたおそらく非合理的なもの」によって、現実世界の人々を不幸に陥れている。いびつな歴史を地球上に拡散している、変形した利益追求のおぞましい姿である。

読者は次章以下で、新しい種類の本作りをリードするアメリカが登場するとき、きっとこのウンベルト・エーコのことばを思い起こすだろう。本の歴史とは無縁に見えながら、古いイタリアから新しいアメリカを見た透視図が、ここには見えているからである。

しかし、利益追求と大量消費の量的変化は、考えようによっては現象としてクローズアップされただけで、本にとってはきわめて派生的なできごとではなかったかという思いもある。なぜなら全世界では、依然として初版部数が数百から千単位、変わらない外装の本が、大量出版の底辺や周辺で刊行されつづけ、刊行点数（発行部数ではない）でいえば、マスメディア本よりはるかに多い。

マヌティウスの時代から、本のもうひとつの底流は、それほど大きく変化しているわけではないということもできる。

十五世紀末期、イタリアのフィレンツェでロレンツォ・デ・メディチの経済支援で出版されたプラトンの翻訳は、一〇二五部だけだった。十七世紀初頭のベストセラー『ドン・キホーテ』の刊行初年でさえ、版を重ねて年間一万部前後であった。十九世紀半ばの発禁本ボードレールの『悪の華』は、わずか一三〇〇部だった。

二十世紀最後の四半世紀になって、本にまつわる神話の崩壊が口にされることがあった。本が売れなくなった、本を読む人が少なくなったという嘆きは、しかしあくまでも大量生産・大量消費の立場にどっぷり浸かった側からの発想である。

驚異的な発行部数に対応する読者数の減少は、五百年の伝統的な本のタイムスパンからすれば、むしろ大量生産の夢が退潮し、本が本来の姿に返りつつあるとさえ考えることもできる。

重なるように、二十世紀後半になって、本流としての本はもちろん、大量生産の本をさえ脅かす新しいメディアが誕生してきた。そのひとつが、一九四六年、フランツ・フォン・ノイマンによって提案され、実用化への道をたどるコンピュータである。

はじめは科学技術計算を行う計算機だったが、出版や印刷がかつて担ってきた情報処理をみずから行い、同時に本が担ってきた情報提供のインターフェースにもなる新種のメディアへ向けて第一歩を踏み出しつつあった。

多くの出版業界の人々にとっては、まだ気付かれない片隅のできごとであった。だが、それまでの本の読者や未来の本の消費者たちは、本能的にその魅力を嗅ぎ分け、視線をそちらへ向けつつあった。

第11章　本の消滅とＳＦの予言

コンピュータに限らなくても、二十世紀の科学技術や社会体制の大きな転換に気付いていた人々は、その幕開けをまえにして、本をどのように見ていたのだろうか。未来の本がどのように変わっていくと予測していただろうか。

結果は、思いもしない本の消失である。

十九世紀末の一八九五年、まだ二十代のＨ・Ｇ・ウェルズがイギリスで発表した『タイムマシン』は、空間の三次元に時間軸を取り入れたタイムトラベルＳＦとして知られている。タイムマシンを開発した科学者が、未来で遭遇した経験を語る作品である。

一八六六年、父親が片田舎で小さな店を開く下層階級に生まれたウェルズは、商業学校に通い、卒業後に勤めた布地の小売業になじめなかった。母がメイドとして働く上流階級の生活を知り、その屋敷の蔵書で読書を重ね、グラマースクールの補助教員をへて、一八八四年には科学師範学校に入学した。

のちに王立科学カレッジになったこの学校で、高名なＴ・Ｈ・ハクスレーによる生物学の指導を受けている。産業革命を支える時の思想だったダーウイン進化論の渦中に身を置き、イギリスに残る階級制度の弊害に目を向けながら、科学者への道を歩いていた。

処女作『タイムマシン』は、そうした科学技術と社会改革の意識に裏打ちされたSFの古典である。のちになって彼は、このために「SFの父」といわれた。

ロンドンの街の片隅にある平凡な家の応接間、それもごく仲間内での会話から始まるタイムトラベルの実験と報告は、日常のさりげない導入と巧妙な筋運びによって、読者をはるか彼方の未来へ導いてくれる。

たどりついた世界は、一見して人類の楽園だった。住人は身長一メートル少しの優雅な容姿、男女を区別する身体つきやもの腰もない。庭園には灌木や花があふれ、室内の低いテーブルには、彼らの主食である果物が置かれている。

ただ、広間は荒れ果て、ステンドグラスは割れ、カーテンにはほこりが積もっている。未来の世界は、かつての栄華の名残りをとどめながら、衰退の気配に満ちていた。生き残った二種類の人類のうち、「エロイ」と呼ばれる人々だった。

もう一種類の「モーロック」は地下世界の住人だが、彼らの生活とエロイとの関係は、未読の人のために伏せておく。エロイたちの話にかぎると、彼らには、四、五歳程度の知能しかなく、ことばも極度に単純で、「品詞は具象名詞と動詞だけ」、文章はたいてい二語からなっていた。

ある日、宮殿のような建物に足を踏み入れる。はるかむかしの博物館らしかった。恐竜の骨の一部、動物の剥製、ミイラ、植物標本、機械類などが、わずかに形をとどめながら転がっていた。別の部屋に移ると、さらに奇妙な光景に出会う。「両側の壁から垂れ下がっている茶褐色の布のように見えたのは、実は原形をとどめぬほど朽ち果てた本であった。印刷された文字も読めないほどぼろぼろにくずれていたが、そりかえった厚紙や割れた留め金などがあちこち散乱していて、昔は立派な書物であったことを物語っていた」。

本は未来社会で不要のものとなり、滅びるだけのものである。時間移動した科学者は、「人間の労力の空しさ」「人間の知性がたどったはかない末路」を感じることになる。

あまりにもＳＦの空想的な結論と思うなら、もっと身近な例を見ておこう。

ウェルズに遅れることおよそ二十年、一八八四年にロシアで生まれたザミャーチンは、十八歳でペテルブルグ理工科学校に入学、若い日々を革命運動の渦中に過ごした。戦艦ポチョムキンの反乱を目にし、ボルシェヴィキに加わり、非合法活動、逮捕、追放をくりかえす。卒業後、造船技師になり、レーニンによる十月革命が成功した一九一七年ころは、文学活動に精を出し、作家たちの組織化に力を尽くしていた。

にもかかわらず、彼が途中で運動をやめたのは、官僚化するソヴィエト体制への疑問からである。個人の自由を認めないソ連の体制に反発し、近い将来、起こりうる「国家奴隷制」を憂えていた。

その恐ろしい近未来社会を一九二〇〜二一年にかけて克明に描いたSFが、彼の代表作『われら』である。

代表作といっても、作品はソ連国内ですぐに本になることはなかった。作家同盟で本人が原稿を朗読し、筆写されて仲間内に流布するだけだった。

ここにはすでに、本自体が存在しえない事態が起きている。本になるはずの原稿が、現実の国家体制の中で形になるまえに抹消されたのである。

一九二四年になってアメリカで英訳本は出たが、ロシア語の原文がプラハの雑誌に発表されると、ザミャーチンは反革命の名で出版活動の停止命令を受ける。このSF作家は、作品の中ではなく、身をもって不可能という本の未来を現実に体験したのである。

スターリンに願書を出し、パリに移住したのち、一九三七年になって急逝した。スターリンがからむパリ脱出とすれば、暗殺の気配さえしてくる。それから半世紀、信じがたい歳月が流れ、ソ連国内で本の出版が認められたのは、にわかに信じがたい死後五十年以上たった一九八八年になってからだった。

完璧な国家管理による社会体制を克明に描いた『われら』は、いま読んでも迫力がある。人間の歴史が可能にする社会の類型を予見しただけではない。自由主義社会といわれる今日の国々でさえ、まして共産主義を標榜する中国や北朝鮮などで、その過酷な片鱗が顔をのぞかせる恐怖を予見している。

作品に描かれた統制された都市、閉鎖システムの壁の外側には、緑の自然が広がっている。

その中に「古代館」と呼ばれる建物が残り、ガラスの壁ですっぽりと覆われていた。この遺跡こそ、むかし人々が「アパート」と呼んだ住まいのなごりである。

部屋へ入ると、黄色になったブロンズの燭台、歪んだ家具などのなかに「赤やオレンジ色の装幀の古い本」が残っている。ここでもかつての本は未来社会から捨て去られ、わずかな遺物として残っているだけである。

ザミャーチンに遅れることさらに二十年、ジョージ・オーウェルは、一九〇三年にイギリスの植民地インドのベンガルで生まれた。生後すぐ母とともにイギリスに帰国し、奨学金を得て、イートン・カレッジなどのエリートコースを歩む。

予定されたオックスフォード大学へ進学しなかったのは、上流階級独特の虚偽になじめなかったためといわれる。卒業と同時に父親のいるインドに渡り、警察に勤めて、同じ植民地ビルマで大英帝国による過酷な圧制を身をもって体験する。

帰国後の彼は、一九三七年になってスペイン人民戦線に加わり、政府軍の反撃と弾圧をつぶさに知ることになる。一九四九年に発表した近未来ＳＦ『一九八四年』は、そうした全体主義国家による統制と弾圧をテーマにしている。

物語の時代の地球は、一九五〇年代に起きた核戦争をきっかけに三つの超大国に分かれていた。そのうちのひとつ、「ビッグ・ブラザーズ」によって支配される独裁国家「オセアニア」が作品の舞台である。

市民の日常生活は、双方向通信の「テレスクリーン」によって監視され、個人の自由な思考、ことば、性本能まで、すべてが管理されている。克明に描写されるその実体を画一的と思う読者もいるだろうが、読み進むにつれて息づまる圧迫感に襲われる。もしかして、目には見えないが、現在の民主主義社会にも似たようなことがあるのではないか……。

このSFでも過去の本は否定され、消滅させられている。

新聞、書籍、定期刊行物、パンフレット、ポスター、ちらし、フィルム、サウンドトラック、漫画、写真類などはもとより、イデオロギー色の強い文書や記録が、「真理省記録局」によって日々刻々と書き換えられている。

現在の体制に都合のいい表現に換えられる過去の記録は、「選択された虚構として恒久的な記録となり、真実と化してしまう」のである。

作品の冒頭、真理省記録局に勤務する男が、街の片隅で禁じられた一冊の本を買う。文字のない白紙の本で、自分のことばを綴る日記帳にしようとした。そのとき彼がつぶやいたのは、「一枚の紙に書き綴った筆者不明の文字すら形として存続できなかったとしたら、いったいどうして未来に訴えかけることができるだろうか」だった。

オーウェルに遅れることさらに二十年近く、レイ・ブラッドベリーは一九二〇年に北米イリノイ州に生まれた。職業作家になるために生まれてきたような天性の資質、多彩な作品群は日本でも数多くの読者を持つ。

彼の伝記を要約すれば、こうなろうか。十代のはじめから業界紙に短編を書いた、十八歳でロスの高校を卒業した、卒業後の四年間、街頭で新聞を売った、図書館のレンタル・タイプライタで、おびただしい作品を書いた。彼の作品を愛好する読者には、これだけで十分である。初期の代表作『火星年代記』は、火星に移り住んだ人間たちの姿が描かれている。一九五〇年代にアメリカを席捲していた核戦争の脅威、東西冷戦のなかで勢いを増す急進派の活動に対する恐怖が滲んでいる。

一九五三年の『華氏四五一』(初出タイトルは「ファイアマン」)はさらに進んで、近未来の全体主義社会が描かれる。すでに見てきたザミャーチン、ジョージ・オーウェルの作品と類似しているが、ここでは本を焼く専門の消防士(ファイアマン)が主人公になっている。

この時代に生き延びていた出版物は、漫画本といかがわしい性の本だった。それ以外の古くからの本は禁止になり、秘かに隠して読み継ぐ人々を摘発しては、火炎放射器で本を焼き払う。このSFでも本は消される運命にある。

ほかの作品にくらべてわずかに救いがあるとすれば、ブラッドベリー特有のリリシズムで描かれる作品に本への愛着を持つ人々の姿があることだろう。

すでにお気づきかもしれないが、ここで取りあげたどのSFにも本消滅の未来が語られながら、どこか本への愛惜が感じ取れる。理由は、これらの物語が「ユートピア」の逆である「ディストピア」としての社会を描いているからである。

陰画として浮きあがる未来社会の廃墟に崩れ散った本、過去の遺跡の中に残る本、焼き払われた本のイメージは、わたしたちの脳裏に陽画の輝かしい本として甦るからである。

　本書のどこかでもう一度書くが、本を信じ、みずから本を書きつづけた作家たちであってみれば、当然の結果だろう。だが、こうしたＳＦ作家の予告は、かれらのノスタルジーを超えて、本の消滅という未来に抗うことはできなかった。

　彼らがまだ具体的に知らなかったコンピュータ時代の到来が、陰画を陽画である現実に変える時代になろうとしていた。

第12章　本の代理人コンピュータ

登場しつつあった本の代理人であるコンピュータは、どんなマシンだったのか。まえに触れた「ノイマン型コンピュータ」は、名称のように、ハンガリー生まれのジョン・フォン・ノイマンが一九四六年にアメリカで提案し、三年後にイギリスで「ＥＤＳＡＣ」として実現した。

現在、わたしたちの身近にあるパーソナル・コンピュータもノイマン型コンピュータだが、実際に忙しく使っている人でも、初歩的なその構造に興味を持たない。見かけは単純だし、この程度の初歩を知っておくと何かと好都合である。

もちろん知識のためだけではない。本書のテーマである電子ブックやそのリーダーが、情報処理の主役であるパーソナル・コンピュータとどんな関係にあるかや、電子ブック・リーダーの位置づけと仕様が、具体的にわかるからである。黒船と呼ばれる敵か、それとも味方かを判断するには、技術的な成り立ちや特性をはっきり見定めておく必要がある。

もしこの程度のことはよくわかっているという人は、以下一五四ページの一行空き以降からお読みいただきたい。

PCの仕組みを知っている人はよくわかるが、わたしたちがパーソナル・コンピュータの電源を入れると、まず「ROM」（リード・オンリー・メモリ）のなかの起動用プログラムが立ちあがる。ついでハードディスクにインストールされている基本ソフト（OS）と応用ソフト（アプリケーション・プログラム）が「RAM」（ランダム・アクセス・メモリ）に読みこまれる。

以降は、このメモリ内の応用ソフト、たとえばワープロに人が与える指示に応じて、中央演算装置（CPU）が与えられた仕事を実行していく。すべて電子の働きだけで、プログラムの命令と高速の演算処理が行われる。

その結果は、CPUからDMA（ダイレクト・メモリ・アクセス）を介して周辺機器へ送り返され、つまりディスプレーに表示され、さらにファイルとしてハードディスクに保存されたりする。

一般に「メモリ」と呼ばれる電子部品を介在させるのは、ハードウエアの機械的な動きの遅さを電子による高速処理で代行させるためである。たとえばディスクやアームでできた機械のハードディスクを常時動かしていては、処理時間の高速化は望めない。

プログラムをハードウエアから独立したものとしてメモリに置くプログラム内蔵方式、これがノイマン型コンピュータの特徴で、同時に、記憶装置に命令を記憶させ、命令をひとつずつ読み出し、実行して結果を返す逐次制御方式も別の特徴になっている。

全体的にいえば、プログラムやデータを記憶するハードディスク、さらにプログラムやデータを入出力するメモリ、そのメモリと連動して演算を行うCPUで基本構造が成り立っていることである。

これだけのことを知ったからといって、実際にコンピュータ内部の動きが目に見えるわけではない。上に書いたデバイスやコンポーネントの外形が確認できるくらいである。毎日、パーソナル・コンピュータを使いながら、わたしたちのような一般の人の力が及ばないブラックボックスである。

もうひとつ、メモリに呼び出されたプログラム自体にも注意しておきたい。これはすぐあとで触れるが、コンピュータ専用の特殊なことば「プログラミング言語」を用い、特定の作業をコンピュータに行わせるために書かれた指令書である。

たとえばキーボードのキーを押してディスプレーに文字を打つのも、マウスを動かして画像を描くのも、アイコンをクリックしてソフトを開くのも、メモリに内蔵されたプログラムが指示を受けて行う仕事である。

プログラムは、基本ソフトと応用ソフトに分かれ、それぞれ専門のメーカーから発売されているが、基本的には数式などに似てきわめて論理的な構造を持つことばの連なりであり、与えられた指示を順番に処理していく逐次制御方式を採っている。

ノイマンが行った業績のもうひとつは、ハードウエアの基本構造を論文として発表し、ノウハウを公開したことだった。そのために研究機関やIBMのような企業が開発競争に加わり、結果としてアメリカをコンピュータ大国に育てあげることになった。

ちょっと細かすぎると思う人には、CPUやメモリやハードディスクといった電子部品（ハードウエア）と基本ソフト（OS）や応用ソフト（アプリケーション）といったソフトウエアがあり、両者が共同して働いているとだけ理解しておけばいい。

ノイマン型コンピュータのハードウエアは、パーソナル・コンピュータの機種に応じて、メーカーはちがっても同じ機能のものを使っている。ソフトウエアのうちOSは、大別してウインドウズとマッキントッシュに分かれ、応用ソフトはOSに適合したものを専門メーカーが開発し、コンピュータで行う作業に応じてユーザーが選んでいる。

ワークステーションもコンピュータだから、ユニックス・マシンのAT&TによるOSもここに加えていい。

だからコンピュータのメーカーや機種といっても、ほとんど似ている。極端にいえば、OSのちがいによって、わずか三～四種類しかないのである。ただ、コンピュータごとの差別化をもたらすのは、OSも含めてどれだけオリジナリティを持つプログラムを搭載できるかによる。その意味でコンピュータにとって、プログラミングが重要な差別化の役割を担っている。

一九六〇年代、マサチューセッツ工科大学（MIT）にもIBM製マシンが導入されていた。同社の秘密主義や独善的な態度に反発した学生たちは、みずからの手で使い勝手のいいプログラムを開発し、次々と手を加えていった。彼らは、現在とはやや意味のちがう「ハッカー」と呼ばれていた。

同じころのＭＩＴにヴィクトリア朝時代の女性を研究していたジャネット・Ｈ・マレーという女子学生がいた。大学院への進学資金を得るため、ＩＢＭでプログラマの訓練を受けた。文学が専門だったのに、一九六〇年代ですでにプログラムを学ぶ環境があったのは、工科大学にいたせいだろう。

あとで彼女は書いている。コンピュータを自在に動かすプログラミングは、まるで冷蔵庫の内側深くにいる野生の獣とコミュニケートする魅力があったと。プログラマとしてコンピュータを使う人の実感である。それでも彼女の関心は本を離れず、文学作品に深い真実があると思いつづけていた。

ヴィクトリア朝時代の女性研究をつづけながら、あるとき、この時代の偉大な小説本には時代を表す真実が欠けていることに気づく。大切なことは「本の外側」に残されているのではないかと思うようになった。

彼女があらためて興味を向けたのは、コンピュータだった。「コンピュータは情報の断片があふれるだけと非難されるが、まだ飼いならされていないその機能こそ」重要だと気づいたのである。

小説という本とコンピュータの関係は、いったい何なのか？

こうした意識が具体化するには、まだ少しの時間が必要だったが、この時期にひとつの新しい考えが芽生えていたことは注目に価する。小説という本が「外側」に取りこぼしている真実が、本に替わるコンピュータによって記録され、表現されるかもしれない……。

コンピュータへの着目は、本を超えるメディアへの予感がある。

彼女自身、「コンピュータは書籍の敵ではない。五世紀の歴史を持つ印刷文化の子供である」と、のちになって書いている。印刷文化の子供、コンピュータが本に変わるという意味はどういうことか。

コンピュータに指示を与えるプログラム言語、つまり本が言語で書かれているように、コンピュータを動かすプログラムも同じ言語で書かれている。

同じ言語や文字を使いながら、本は紙面上の文字によって直接、読者に訴え、何かを伝えて理解させる。ところがコンピュータの言語は、人の視覚と脳神経に直接に訴えず、機械を相手に本の文字とは別のコミュニケーションを行う。人にとっては、どこか二次的な道具に近いポジションに位置する言語である。

ヴィクトリア朝の文学を研究し、コンピュータ・プログラムに習熟したマレーであるだけに、両方にかかわる言語を区別しながら考えたにちがいない。

本とは別の表現に思いを馳せるのは、実際にプログラム言語を使い、コンピュータを稼動させる経験がないと、具体的、感覚的に理解できない。とまれ、わたしはコンピュータと本をつなぐキーワードが、直接・間接のコミュニケーションを行う言語であると思ったのだ。

レベルの低い経験で恐縮だが、むかしわたしはポピュラーな「ＢＡＳＩＣ」言語を使って、見よう見まねでわずか数十行のプログラムを書く練習から始めた。見たところ文字や記号の連なりでしかないプログラムを最初期のＩＢＭ-ＰＣ互換機で「ラン（run）」させた。昨今の若い世代にはあきれた話だろうが、ＭＩＴのマレーより二十年近くも遅い一九八〇年代後半になってからだ。

メモリの中に書き込まれたわたしのプログラムはＣＰＵとやり取りし、目に見えない電子デバイスの中でプログラムの命令に従って演算処理を始めた。マレーが書いたように、まるで冷蔵庫の内奥深くにいる野生の獣とコミュニケートする感覚があった。

ＭＳ-ＤＯＳ機による演算の結果は、刻々とディスプレーに表示され始める。四角い画面の左下隅からさまざまな色のドット（点）が明滅しながら、着実に黒いディスプレー画面を埋めていく。

一昼夜が過ぎた朝、ディスプレー上全面にやっと奇妙な画像が全貌を見せていた。類似したパターンが反復して模様を描くフラクタル画像である。

通常のことばと変わらないコンピュータ言語が、まったく新しい表現をディスプレー上にもたらし、表示することは、はじめて自作のプログラムをランさせた人ならきっと感動するだろう。少なくともマレーが注目したひとつは、本とは異なるこの言語の能力であっておかしくない。

コンピュータ言語には、先にあげたＢＡＳＩＣやＦｏｒｔｒａｎ以外にＣ言語やＪａｖａなどさまざまなものがある。それぞれの特性に応じてプログラムを書くプログラミングのツールとして使われる。

　コンピュータ言語の教育を受けた技術者でないわたしは、ＢＡＳＩＣ以降のオブジェクト指向を持ったプログラム開発ツールも試みたが、ＢＡＳＩＣやＣ言語の単純に見える表記の方がやはり、一般の言語を思わせた。

　少なくともＢＡＳＩＣ言語やＣ言語では、見かけはアルファベット、数字、記号から成り立っている。それぞれの約束事に応じて文字や記号で記述されたものは「ソースコード」と呼ばれ、コンピュータの演算装置に命令を与えることばである。

　ただしＣＰＵが行う演算は、すべて「０」と「１」の数字だけで表記された「機械語」でしか処理されない。このためソースコードは「コンパイラ」によっていったん機械語に変換され、ＣＰＵに送り込まれる。

　ごく大まかにいえば、これがコンピュータの実体である。コンピュータが特定の仕事をするには、約束事にしたがって人間が書く特別な言語表現が欠かせないのである。


　こうしてみると、彼女が着目した本とコンピュータをつなぐ言語の意味は、二種類に分かれていることを前提にしていいだろう。

　第一は、紙の本と同じようにディスプレー上に文字を直接表現する場合。

　通常、ワードプロセッサなどで画面上に書かれた文字などと思えばいい。往年のタイプライタの代理である。コンピュータ・ユーザーがよく用紙にプリントアウトして読むのは、ディスプレー上の文字などを紙の印刷物に見立てているからである。

画面上の文字は、ワードプロセッサで用紙に文章を書くのと似ているケースが多いが、それ以外にコンピュータ通信で、通信文を書いたり、読んだりすることもある。ツイッターやブログやウェブサイトを文章で構成することもある。ときにはスパムで誹謗中傷の文章を書きなぐる場合もある。

これらのケースも紙に文字を書き、誰かに読ませるという意味で、文字は本の領域内にとどまっている。ワードプロセッサのプログラムや通信を可能にするプログラムが仲介しているが、最終的には紙に書いた文字と同レベルに位置している。

ここで書かれたことばは、はじめはマレーがいう「本の外側」にある、まだ飼いならされない「情報の断片」に近い。それを無意識に積み重ねていけば、「五世紀の歴史を持つ印刷文化の子供である」機械として、ことばや図版の集積した一種の本と同じ役割を担う。

具体的には以降の章でコンピュータならではの紙を超えた本、仮想空間の本、マルチメディアの本、インターネットの本など、さまざまな事例をあげていく。そのいずれも可視的な文字などの直接表現で成り立っているから、五百年まえからの本の伝統につながっている電子ブックそのものである。

一方で不可視の文字によって書かれたプログラムを基本にし、成り立っている表現がある。

これものちの章で具体的に触れるたとえばコンピュータ・グラフィックス、ビデオゲーム、仮想空間、人工現実などだが、一見して本には思えなくても、言語によって書かれたプログラムで生成された本の一種とみなしていい。

多くの人は、後者のケースを本の分類に入れたくないだろう。電子ブックなんて呼びもしないだろう。

しかしコンピュータによって生成される電子ブックを考える場合、二重構造になった本のあり方を考慮に入れないと、いま問題にしている電子ブックの理解が片手落ちになる。後者のケースも入れて電子ブックを語る人が少ないのは、上に記したごく初歩的なデジタル技術にまだ不慣れな出版関係者が多かったせいだろう。

ここに登場したジャネット・H・マレーは、TV番組でアメリカの若者たちを魅了した「スタートレック」シリーズのファンだったようだ。著作のタイトル『ホロデッキ上のハムレット』は、その「スタートレック」に描かれた未来の本から取っている。

ホロデッキというのは、三次元動画を再現する「ホログラフィ」の装置である。ついでだが、三次元を装った二次元画像は「ホログラム」という。その気になれば、日本でも実際の装置で三次元画像の例を早くから実見できた。私自身、この立体像が何かわからないまま、ごく日常的にパブリック・スペースで目にしていた。

たとえば歌手が歌う立体映像が、某電気メーカーによる箱に収まってなぜか東京駅のコンコースに置かれていたし、上野の国立科学博物館では、四国に落ちた隕石の説明をする少女の立体像がホロデッキの中で動き、語りかけていた。

二〇一〇年に上映された『アバター』や同じ年に発売された3D立体テレビを思い出す人もいるだろうが、3Dのメカニズムはまったくちがっている。立体テレビの場合の三次元は、カナダのアイマックス社が一九六〇年代に開発した技術の応用である。

独自のカメラシステムと撮影技術で可能になったもので、観客は三次元専用の大きな劇場スクリーンとゴーグルで実写映像を鑑賞する。わたしの知るかぎり、一九七五年の大阪万博や長野冬季オリンピックなどを契機にして、日本の一般の人の目に触れるようになった。二〇〇〇年代には、街中に3D映画の専用劇場もできていた。最近の3D-TVや『アバター』はこちらに属している。

一方、ホログラフィによる三次元画像は、これらとは別の技術による。スクリーンという二次元画面に画像を映し出し、ゴーグルで立体的に見せるのとは異なり、レーザー光の干渉波で生成された三次元画像が、通常の三次元空間にそのまま投影され、三六〇度のどの角度からも、刻々と動く立体画像を見ることができる。

最初期の事例では、二〇〇八年、米大統領の選挙中、オバマ候補の出身地であるシカゴから、ニューヨークのCNN報道スタジオまで、女性記者のホログラフィが伝送された。彼女がレポートする立体画像が、ニューヨークのスタジオに映し出された。もちろんそれ以外、まだ商用化以前の装置や実写をずいぶんまえから日本国内でも見ることができた。

この三次元画像ホログラフィがSFのテーマとして取りあげられたのは、アイザック・アシモフの『はだかの太陽』が代表例である。作品に描かれた未来世界では、人々はこの技術を使って自分の立体画像を相手のいる場所に伝送し、互いの姿をまえにおしゃべりしている。現在のTV電話の立体版である。

以前、「スタートレック」映画版やTV版を観ながら、なんとはなしに画面に登場する本に注意を払ったことがある。たしかギリシャ古典の単行本や十九世紀の小説ペーパーバックスを読むシーンがあったし、PDAの小型画面で読書をしている場面もあった。

未来社会では古典的ともいうべき本以外に登場したのが、ホロデッキである。このホログラフィ技術は、「スタートレック」の中でしごくあたりまえに使われている。離れた宇宙船同士で人を立体映像として伝送（トランスポーテーション）するコミュニケーション手段になっていた。

『ホロデッキ上のハムレット』は、ホログラフィの技術でシェイクスピアの悲劇を三次元として映像化したもののようで、あの伝送用ホログラフィの応用版のように思える。おもしろいのは、宇宙船の乗員である読者がみずからホロデッキの内部に入り込み、特定の役になりながらシェイクスピアの作品を味わうことになる。

むろんここまでの実験も実用化もまだ実現していないが、コンピュータ技術を中心にしたイノベーションからすれば、夢物語では終わらないだろう。未来の本は、こうした形で可能になることとさえ十分考えられる。

なぜこんな例にこだわるのかといえば、ジャネット・H・マレーが語った言語のひとつ、つまり不可視の文字、裏方役のプログラム言語によって、さまざまな新技術を統合しながら、とてつもない未来の本が出現する可能性を否定しきれないからである。

いままでは単なる想像図でしかないが、人がデジタルとかコンピュータにこだわり、電子ブックを語るとすれば、いずれ無視できない方向性として視野に入れておく必要があるからである。

以下の章で詳しく触れるたとえばビデオゲームが、プログラム言語によって支えられる本の一形態として紙と文字の本を蹴落としたように、ビデオゲームのＣＲＴや液晶画面は、やがてホロデッキの本に追い落とされる運命にある。

電子ブックやそのリーダーのあり方を決める否定的な考え方が、そこから導かれることを十分考慮しておかねばならない。本書の結論を語るところでも決して欠かすことができないのである。

第13章　コンピュータと小型の本

「コンピュータはアルダスの書物のようなものであるはずだった」。

一九六〇年代にこう書いたのは、アラン・ケイというまだ二十代の若者だった。彼がいう「アルダス」とは、本書の第1章に登場したルネサンス人「アルドゥス・マヌティウス」である。ラテン語名を英語読みにすると、「アルダス」になる。

十五世紀末、イタリアのヴェネツィアで印刷と出版業に就き、活字書体の考案、本の小型化など、それまでになかった改革を行い、今日の本の原型を創り出した男、五百年の歴史を刻んだ書籍の源流に位置したルネサンス人である。

アラン・ケイは、一九四〇年、マサチューセッツ州スプリングフィールドに生まれた。父親はオーストラリアから移住した生理学者、母親は絵や音楽に精通していた。「小学校に入るころにはすでに二百冊の本を読んでいた」という神童振りが知られている。学校の先生や教科書の知識が画一的なのを見抜くほどの読書量であった。

少年の神話化にはあまり興味がないが、少年期になって読んだSFに、ロバート・ハインラインが一九四八年に書いた中編があったのには注意したい。

科学者と一般人の対立した社会を描いた作品で、「ニューマン」（新人類）と呼ばれる科学者が国を制覇し、遺伝子理論もシステム工学も理解できない一般人を哀れみの目で見下している。どちらが支配権を掌中にするかの確執は、いまでもきわめてよく見られるテーマである。

アラン少年が心ひかれたのは、両者の対立テーマではなく、「ニューマン」たちが作りあげた技術の内容である。作品に語られるシステムは、人間の記憶と知識が系統的に整理され、記録の保存や読み書きを即座に行うことができる。人々は本や書類に埋もれ、メモを取るむだな時間を費やすことがなかった。

第11章で述べたSF作家H・G・ウェルズにつながる同じSF作家のハインラインが、文字で書かれた記録（本）という点で読書家のアラン少年をひきつけたのは興味深い。

一九六一年には、進学した大学を退学し、少しまえからつづけていたジャズ・ギタリストとして生計を立てている。しかし、同じ年、徴兵されて空軍に入隊したことが、本格的なコンピュータとの出会いになる。プログラミングの適性試験に合格し、空軍の「IBM1401」を使った仕事に就いた。

退役後はコロラド大学に入学、一九六六年に数学と分子生物学の学士号を取り、さらに空軍から学費を得て、ユタ大学大学院に移っている。コンピュータの新設学科ができたばかりだったのと山に登れるという理由からだった。ここでコンピュータ・グラフィックスの先駆者サザーランドとの出会いがあり、影響を受けている。

一九六八年になって、コンピュータに対する考えを大きく変えるできごとに遭遇する。そのひとつが、ダグラス・エンゲルバートの研究だった。

エンゲルバートは、一九四五年、二十歳の米軍レーダー技術者としてフィリピンで終戦を迎えた。そのころ考えたのが、ディスプレーやシンボルやレバーで動かすコンピュータである。その概念図が今日使われているパーソナル・コンピュータのもとになった。シンボルはアイコン、ノブやレバーがマウスである。

エンゲルバートの構想は一九六三年に発表され、アラン・ケイは当時から共感をおぼえていた。ところが、五年後の一九六八年十二月、サンフランシスコで開かれた会議で、彼はその成果を目の当たりにすることになる。これをきっかけに、彼の内部で何かが生まれようとしていた。

もうひとつは、セイモア・パパートとの出会いである。ひところ日本にも取り入れられ、幼稚園児を対象にして実践された子供用プログラミング言語LOGOの開発者である。わたしは日本（名古屋）の幼稚園児が集まり、ビルの一室の広い床空間を利用し、先生と一緒になって遊びながら、このプログラミング言語を使うのに立ち会ったことがある。

こうしたいくつかの出会いが、次第にアラン・ケイの脳裏にひとつの像を結びつつあった。ひとことでいえば、当時、主流だった大型コンピュータ（メーンフレーム）を一変してしまう新しいコンピュータの構想である。

構想の具体化は、一九七〇年にゼロックス社が創設したパロアルト研究所（PARC）との結びつきで深まっていく。コピーマシンで今日の地位を築いている同社が、当時「情報のアーキテクト」を目指して、コンピュータ事業に乗り出そうとしていた。

研究所の創設と同時に、アラン・ケイは同社のコンサルタントとして招聘され、翌年には研究員として参画している。はじめは「スモールトーク」と呼ばれたプログラミング言語の開発に注力したが、次第に新たなコンピュータ全体の設計に没頭していく。

のちの一九七七年になって、彼はふたつの短い論文を発表している。「パーソナル・ダイナミック・メディア」と「マイクロ・エレクトロニクスとパーソナル・コンピュータ」である。彼が目指した新しいコンピュータ「ダイナミック・メディア」は「ダイナブック」と呼ばれ、このときはじめて「パーソナル・コンピュータ」という名称が使われている。

ずっとのちになって彼が書いた回想録を読むと、そのときの様子がさらによくわかる。「わたしはボール紙でダイナブックの外観を示す模型を作り、どのような機能を持たせるべきかを検討し始めた。思いついた比喩のひとつは、十五世紀の中葉以降に発展していった印刷の読み書き能力（リテラシー）の歴史とコンピュータの類似だった」。

冒頭に引用したアルドゥス・マヌティウスの本との関係が語られたのである。「わたしは、ヴェネツィアの印刷・出版業者アルドゥス・マヌティウスのことを思い浮かべずにはいられなかった。はじめて書物を現在と同じサイズに定めたのは、このマヌティウスだった。……真にパーソナルな（あるいは身近な）コンピュータは、アルダスの書物のようなものであるはずだった。……ダイナミックな本――ダイナブック――としてのコンピュータは、現実可能なばかりでなく、誕生しなければならないということを意味していた」。

彼はこうした構想をゼロックス社に訴え、「ダイナブック」開発のための基金を申請している。しかし同社の経営陣は、この時期、まだ要素技術が未成熟の状況を考え、プロジェクトを断念してしまう。もしこのときゼロックス社が企画を進めていたら、今日の同社は、コピーイング・マシーンではなく世界に冠たるパーソナル・コンピュータのメーカーになっていたことだろう。

これ以降のことは、もうくりかえすこともあるまい。一九七九年になってパロアルト研究所を見学に来たスティーヴ・ジョブズとジェフ・ラスキンが、試作機の「アルト」を見て将来性を見抜いた。

その結果、ふたりが作ったのが、マッキントッシュというユニークなパーソナル・コンピュータである。このときのいきさつは、「白昼堂々の剽窃」といった伝説として語り継がれている。

マッキントッシュは、グラフィック・ユーザー・インターフェース（GUI）という画期的な設計思想を持っていた。現在、わたしたちが使い慣れたパーソナル・コンピュータである。アイコンやマウスなどによって操作がわかりやすくなり、コンピュータと無縁だった一般ユーザーの間に一挙に浸透していった。一九九〇年代に作られたマイクロソフト社のウインドウズ（Windows）は、この二番煎じだった。

いずれにしろ、アラン・ケイの「ダイナブック」構想は、予想さえしなかったイタリア・ルネサンスの本と結び付けられていたのだ。

第一のキーワードは、「小型化」である。マヌティウスがグーテンベルクの大型本を一変させ、持ち運びができ、だれでも読める小型本にして、普及を図ったように、当時の主流だったメーンフレームの大型コンピュータを小型化しようとした。かぎられた人だけが使う特権から、コンピュータを開放しようとした。

第二のキーワードは、「ダイナミックな本」(ダイナブック)である。本との関係でいえば、こちらの方が小型化以上に画期的な考えである。

注目したいのは、たとえば彼が古い論文に「ダイナブックでわれわれが目指したことのひとつは、重要な部分に関しては紙に劣らぬようにすることだった」と書いた点である。つまりマヌティウスの本は、小型化しても紙を使う点で旧来の本と変わらなかった。

ところが「ダイナブック」は、紙の本以上の本になることを構想していたのである。紙の本を超える本の意味は、「ダイナミックな本」ということばによく表れている。紙の本の機能をふくみながら、もっと流動的により多くの機能を付加した「新種のメディア」をめざしたのである。

アラン・ケイのことばを借りれば、数千ページの資料、詩、手紙、レシピ、絵、アニメ、サウンドなどを納め、いつでも取り出せる画期的な「メタメディア」であった。もちろん今日のパーソナル・コンピュータ・ユーザーは、これが何を意味しているか、実感として知っているだろう。

もしこうしたコンピュータ・メディア構想に欠点があるとすれば、わたしたちがすでに問題視したプログラムという言語をユーザーの目から隠してしまったことである。さっき触れたアラン・ケイ開発のプログラム言語「スモールトーク」は、初期のアップル・コンピュータに搭載されて、だれでもプログラミングができるようになっていた。

当時のパーソナル・コンピュータがMS-DOSによるコンマンド・コントロールのため、むずかしさに抵抗感のあった一般ユーザーが、マッキントッシュに流れ始めてから、言語から次第に離れていく。マックを使うデザイナーやミュージシャンや映像作家が、プログラミングに興味を持つことは少なかった。

やがてアイコンなどの絵記号、本のアナロジーというGUIの多用によって、プログラミング言語はユーザーの意識からきれいに拭い去られていく。OSX以降のUNIXでは、なおさらである。GUIをまねたWindows OSの登場が、秘密主義によってますますその傾向を増長させた。

弊害の最たるものは、プログラミング言語を操る技術者が一般ユーザーの影でその独裁制をますます発揮できる環境をもたらしたことだろう。上記ハインラインの描いたテクノクラートが、一般市民を見下している構図である。

表向き、一般ユーザーは自由にコンピュータを使いこなし、ひたすら自分の発想や表現を行っているように見えながら、プログラマという技術者、ひいてはプログラムを独占する企業が考えた世界の中で不自由にうごめいているにすぎないのである。

逆に利点の最たるものは、プログラミング言語を知らなくても、紙に文字を書き、印刷し、本にする以上の表現をコンピュータによって実現できることである。

これは両刃の剣である。少しまえにいったプログラミング言語の二面性をいっそう深刻にする事態である。新たな表現の可能性とほかの思考を排除する独裁制を際立たせていく。

それでもパーソナル・コンピュータの普及によって、さまざまな変化が起き、紙の本以上のことがすでに実現しているではないかと多くの人はいうだろう。しかし現実はそれほどに楽観視できない。

ビッグ・ブラザーズの支配を打ち破るコマーシャルとともに華々しく登場した「ダイナブック」構想は、本を超えるにはまだ数多くの問題を孕んでいる。あとでコンピュータによる本に似たメディアを語るときに浮かび上がる問題が、すでにこのとき内包されているからである。「コンピュータは書籍の敵ではない。五世紀の歴史を持つ印刷文化の子供である」といわれる「子供」の誕生には、まだいくつかの山や谷を越える先人の試みを検証しなければならない。

第14章　紙を超える本への挑戦

アラン・ケイの「ダイナブック」構想によって、本をふくんだ小型コンピュータの登場が、旧来の本を超えるメディアとしてある程度まで実現された。だが、かならずしも「五世紀の歴史を持つ印刷文化の子供」として十分でないことは、前章で見たとおりである。

一九七二年と八〇年はじめに、アラン・ケイと並ぶもうひとりの先駆者が、『コンピュータ・ライヴ』『ドリーム・マシンズ』という本を自費出版した。著者はその中でこんな奇妙なことを書いていた。

「大変おかしなことだが、コンピュータのスクリーンをまえにして座る人々は、自分たちが紙で作業していると思い込んでいる」。

いまでもそうだろう。ワードプロセッサ、表計算、画像処理、電子メール、インターネットなどを使うユーザーは、ディスプレーをまるで紙に見立てて作業をしている。ディスプレー上に広がるのは一枚の紙で、その上で文字や画像を読み書きする感覚でいる。

それを証明するように、画面上の文字や画像を紙にプリントアウトして配布し、保存する人が多い。インターフェースはあくまでも紙である。

ところがこの青年は、紙中心主義の考えを「ペーパラダイム」と呼んだ。紙を模倣するだけのコンピュータには、明日がないとまでいい切っている。

青年のなまえは、テッド・ネルソン。アラン・ケイとほとんど同世代、一九三七年に生まれ、両親はふたりとも映画関係者だった。

父親のラルフ・ネルソンは、シドニー・ポワチエ主演の『野のユリ』、西部開拓史を描いた『ソルジャー・ブルー』などの監督、母親のセレスト・ホルムは、『イヴの総て』などに出演し、エリア・カザンの『紳士協定』でアカデミー賞助演女優賞を受けている。

一九五五年に入学したペンシルヴァニア州スワースモア大学では哲学を専攻、四年後に入ったハーヴァード大学大学院では社会学修士課程を専攻した。ここまでの経歴には、コンピュータとの関係は直接見当たらない。

しかし、一九六〇年になって、二十代の彼はある数学者の書いた論文に出会った。ヴァニーヴァー・ブッシュが一九四五年「アトランティック・マンスリー」誌に発表した「メメックス」と名づけた構想である。

ブッシュは、第二次大戦中、ルーズベルト大統領傘下の科学研究開発局でトップの座にいた数学者だった。配下の科学者たちが、次々と生み出す考えや情報の洪水を処理する方法に悩んでいた。どうしたら膨大な論文やデータを効率よく管理し、科学者がだれでもすばやく必要な文書にアクセスできるか。

その答えが「メメックス」構想だった。実際には実現しなかったが、それだけにテッド・ネルソンの注意を引いたのだろう。

「メメックス」構想のもうひとつの特徴には、いっさいの紙を排除する考えもふくまれていた。この点もネルソンの考えに大きな影響、あるいは共感を与えただろう。

同じ一九六〇年のはじめ、以前に登場した通信技術者ダグ・エンゲルバートも似たようなことを考えていた。コンピュータの画面上で多様な情報を瞬時に引き出し、交換し、それぞれの思考を広げ、問題を解決していくシステムである。

彼はその構想を「オーグメンテーション」（拡大）と呼び、論文のタイトルを「人類の知を拡大するための概念図」としていた。概略はこうである。

本の基本である文字の書かれた紙は、ファイルや雑誌や書籍ごとに独立したものである。それぞれの間には、直接のつながりはなく、ファイルフォルダや書庫から探して結びつきを見つけねばならない。

ところが、少なくとも紙を使わないコンピュータの中なら、それぞれを有機的に結び付けられるのではないか。しかも次々と結び付けながら、人々の孤立した思考を関連づけ、情報を整理し、知の拡大を図れるのではないか。

一九六三年、テッド・ネルソンが「ハイパーテキスト」ということばを考え付いた背景には、こうしたふたつの構想があった。

彼自身に即してもっと具体的に見ておこう。

まだハーヴァード大学大学院生時代、彼はアイデアを書きとめたメモが膨大になり、どう整理していいかわからなくなっていた。アイデアを書いた紙片が散乱し、それぞれがどう発想され、結びついているか、見当さえつかなくなる。

仕方なく彼は、無秩序な短いテキスト群をそのまま受け入れることにした。しかもそれを「ハイパーテキスト」、つまり起承転結のある本来のテキストを超えた別のテキストとして認めようとしたのである。

この居直りは、思わぬコロンブスの卵であった。「人間のアイデアの構造は、けっして連続しているわけではない」という原点に立ち返ったからである。

たしかに人間の思考の構造は、かならずしも初めから連続的であるわけではない。短い思いつきや参考データを整理しながら、文章につなぎ合わされる。とすれば、その根源にあるアイデア群は、けっしてメモ用紙の屑ではなく、貴重な発想のみなもとではないか。

こうしてハイパーテキストの特徴の第一は、「非連続」であるとされた。マクルーハンがいった「プリミティブな精神構造」そのものである。

一方、それだけならメモ用紙やカードでしかないが、彼はもうひとつの特徴を付け加えた。ハイパーテキストの特徴の第二は、非連続に対応する「相互連結」である。

一見して相反する考えだが、孤立したメモの断片とそれを互いに結び合わせるこのふたつの要素が、画期的な結果をもたらすことになるのである。もし思わぬ断片どうしが結びつけば、その結び合わせの妙によって、まったく予想しなかった新しい発想や理論が誕生する可能性がある。

テッド・ネルソンは、プリント・メディアの「限定された閉じたテキスト」ではなく、無限に開かれて広がっていくテキストのありさまを直感的に感じたという。

紙は必然的に否定しなければならない。ネルソンは、こうした作業を紙ではないメディア、つまりコンピュータで行おうとしたのだった。

一枚のメモの中のことばにマークをつけ、それをクリックすることで自由自在にほかのメモにリンクしていく。これこそ、紙の本を超えた新たな本を作る手法ではないか。

のちになって『思考のための道具』を書いたハワード・ラインゴールドが、コンピュータ以前には不可能だった「新しい種類の文章を書くプロセス」と評価したとおりである。

紙の本に印刷され、固定された文字の羅列と一線を画する文章（テキスト）の新たな構造が、本を超えるメタメディアの突破口として考え出されたのである。記憶力と命令に従う能力にすぐれたコンピュータは、こうして固定した古い思想を解体し、固定した思考を解き放つ道具の可能性をおびてくる。

おそらく読者は、今日のインターネットの中にあるリンク機能を連想するだろう。

インターネットを可能にするプログラムは、「ＨＴＭＬ」（Hyper Text Markup Language）という言語で書かれている。ネルソンが提唱したハイパーテキストがなまえをとどめていることはご覧のとおりである。

画面上のしるしの付いたことばやインデックスの記号などをクリックすると、画面は一挙にリンクするほかのデータに飛び、関連する別のところへ移ることができる。ハイパーテキストの「相互連結」が生きているのだ。

ところがのちのネルソンは、インターネット上のハイパーテキストをけっして評価せず、「悪いデザイン」だと語っている。理由は、双方向のリンクがかならずしも行われず、リンクが一方的だったり、とぎれて不完全であったりすること、著作権管理が不可能なことなどをあげている。

たしかに今日のインターネットは、通信の基盤は別にして、かなり無秩序といっていい。ネットワーク機能やコンテンツ表示を麻痺させるハッキングは別にして、だれが何をしようとおかまいなしである。自殺の方法、爆弾の作り方、毒草の見分け方、悪辣な誹謗中傷、詐欺商法、押し売り販促、著作権無断利用などかぎりがない。

しかしこのカオス状態が、逆面でかつてない情報通信や言論の自由を可能にしている。コンピュータ技術に無知な政治家が統制の立法を行おうが、官憲が不当な取締りと刑罰を与えようが、世界に張り巡らされたウェブの完全統制は不可能で、技術者の方がいつも数歩先をいき、尻尾を押さえられることはない。逆に官憲が反撃をくらい、巨大な組織が危機にさらされる例が起きている。善にはいつも悪が隣り合っている。

彼が理想としたハイパーテキストは、一九六〇年代、コンピュータ・ネットワーク上に展開する「ザナドゥ」(Xanadu)というプロジェクトをめざしていた。理想郷という意味を持つことばだが、残念ながら今日でもまだ一般の人々の間に浸透するにいたっていない。

普遍的な知識の管理と情報提供を行うそのシステムは、もしかして失敗だったかもしれない。だが、道が閉ざされたわけではない。

「非連続」と「相互連結」を合わせ持つハイパーテキストは、紙の本の閉ざされたテキストを超えて、原初の発想を基盤にしながら、知の総合化と拡大へ向けたコンピュータ上の新たな本を作る可能性を持ちつづけている。

可能性を閉ざしがちな要因は、旧来のメディアを主宰する人々、紙にこだわる出版社や新聞社のスタッフたちと紙の本に慣れ親しんだ読者たちである。文字どおりアンシャン・レジーム(旧体制)である。

本書の「はじめに」でも書いたように、「巨視的近視《マクロマイオピア》」に捉われ、イリヤ・プリゴジンでさえ指摘する技術が社会と結びついた緊密なフィードバック・ループを積極的に生かそうとしない業界の人々である。

テッド・ネルソンの理想郷は、アラン・ケイのダイナブックとともに、いつか新しい形の本を普及させるかもしれない。紙から解放され、装いを新たにした「印刷文化の子供」が誕生する可能性がまだ残されている。

第15章　仮想空間のテキスト誕生

コンピュータ・ネットワークを舞台に思わぬ世界を暴いた小説『神の狩人』（グレッグ・アイルズ）に次のような描写があった。

「マイルズはしっかりと願書を出し、奨学金を満額受け取ってマサチューセッツ工科大学に入学した。……熱狂的にプログラミングにうちこみ、しゃにむに研究をすすめて、一九七八年、当時のぼくには得体の知れない大きな金属製の箱をいくつも組み立てた」。

金属製の箱は、そのころ一般の若者には奇妙に見えた小型コンピュータである。

ここに書かれた「一九七八年」は、前出のアラン・ケイ、テッド・ネルソンや、ジャネット・マレーといった若者たちを継ぐ次の世代が、実際の個人用コンピュータのユーザーとして登場する時期である。

同時に、コンピュータによるネットワーク通信が一般に普及し、MUD（マルチユーザー・ダンジョン）と呼ばれたネットワーク・ゲームがスタートする二年前に当たっている。

小説の中でコンピュータを組み立て、プログラミングに精通しようとした若者が、この年を前後にして起きつつあった新しいコンピュータ動向をよく表している。

一九七四年、それまでの大型コンピュータに対し、個人が購入して使う世界初のPC（パーソナル・コンピュータ）とのちにいわれた「アルテア８０８０」が出ている。CPUの４０４０を完成させたインテル社が、一九七四年に開発した八ビットの８０８０を搭載したものである。

同じCPUを積んだ「IMSAI８０８０」が、あとで触れる高名な映画『ウォーゲーム』に登場し、高校生が自宅で使っていたので、この時期のPCとしてのちの人々にも知られている。

同種類のコンピュータでプログラムを書いたのは、ビル・ゲイツとアレンがアルテア上で動く言語として開発したBASICである。この話題もあとで触れることがあろうが、当時の価格は日本円でおよそ一五万円に当たり、中小企業の高卒初任給程度だったらしい。

現在のパーソナル・コンピュータに近くなったのは、それからわずか数年のちの一九七七年、「Apple II」（アップル）「IBM-PC 5150」（IBM）「TRS-80」（タンディ・ラジオシャック）辺りからで、コンピュータで知名度の高かったIBM製品が広く普及した。

IBM-PCに搭載したOSは「DOS」と呼ばれるもので、一九八一年からMS社のPC-DOS（のちのMS-DOS）が搭載され、コンピュータの操作はキーボードからコマンド（命令文字）を打ち込んで行われた。一九八〇年代遅くにも残っていたから、年配のユーザーなら憶えているだろう。

すぐあとにつづくGUIやウインドウズのマシンとちがって、アイコンやマウスはなく、画面上に打つコマンドだけが頼りだった。黒い画面にカーソルがちかちか明滅し、緑色の文字でコマンドを打ち込むと、その命令が実行され、結果が表示される。

一般の若者たちが小型コンピュータを使う様子は、一九八三年に公開された映画『ウォーゲーム』によく描かれている。高校生が自宅の小型コンピュータを電話回線でネットワークにつなぎ、コンピュータ通信を行う様子がよくわかる。

電話回線につなぐモデムは、「カプラ」と呼ばれた機器が使われ、家庭に引かれた電話機の送受話口を重ねて、デジタル信号と音声信号を変換しながらコンピュータ間の通信を行っていた。日本でもむかし懐かしいモデムである。

コンピュータのネットワーク通信には、一九六九年に設立され、一九八〇年代にかけて最大の利用者を誇った「コンピュサーヴ」が、個人用に多く使われた。のちに日本でも富士通が提携して「ニフティサーヴ」が始まり、パソコン通信(BBS)に利用されたから、知っている人は多いだろう。

わたしもこのふたつには、ずいぶん世話になった。ネットワークの中にはさまざまなフォーラムが設けられ、わたしがいちばん必要とした初歩的コンピュータ技術やアプリケーションのノウハウをリアルタイムで教えてもらった。対話の相手は、見も知らぬ善意のハッカーたちだった。

冒頭にあげた小説は、小型コンピュータを組み上げた主人公が、やがてコンピュサーヴのような通信サービスの中にフォーラムを開き、いかがわしい情報交換を始める筋書きである。

こうした事例のはしりが、前出のMUDである。一九七九年にはじめてリリースされ、一九八〇年代にかけてアメリカの若者たちの間で流行した。

のちになって、MUDといえば、インターネット上でプレイするロールプレイング・ゲーム、シミュレーション・ゲームなどが思い起こされるが、当時はまだ画像はなく、文字（テキスト）による情報のやり取りだけだった。

テキストだけだったのは、現在のようにコンピュータの能力、通信などの環境が未熟で、容量が少なくてすむテキストにかぎられたからである。『ウォーゲーム』の高校生も、自宅のPCで文字を打ち込んではゲームを行っている。

MUDの多くは、テキストをベースにしながら、複数のプレイヤーが参加し、ゲームのストーリーを各人が次々と書き加え、ゲームを展開していく。参加者はコンピュータに向かい、登場人物の性格や行動、状況描写など、すべてことばで表現し、物語を作っていくのである。

お気づきだろうが、ことばによるストーリーの展開は、ほかでもない本として書く物語とまったく同じである。ロールプレイング・ゲームをしながら、複数の作者がありもしない話を相手と共同で作り上げ、一冊の本を書きつづけていくのを読者が読むのに似ている。

コンピュータを使った新種の本、紙を超えた本が、ゲームの形を取りながら、ここに誕生していたのである。

他方、MUDには、ゲーム以外に参加者の間で会話を交わすいくつものコミュニティが作られ、マルチユーザー・チャットキングダムと呼ばれていた。日本のBBSでもフォーラムやサロンが設けられ、特定のテーマで情報交換する場があったのと同じである。あるいはインターネット時代になって行われていた掲示板やチャットとも似ている。

しかし、単なる個人の身近な情報や知識の交換だけではなかった。参加するメンバーが、まるでゲームのように、次第に自分の現実を超え、さまざまな人格になって会話をするようになる。

参加者は「アバター」(分身)と呼ばれていた。ひとりの分身どころか、ひとりが複数のアバターになってコミュニケーションを行うようにさえなった。

画面にはいくつもウインドウが開き、参加者がいろんな人格になって対話する。参加者は、次第に自分の現実の生きざまはたったひとつのウインドウに過ぎず、MUDによってもっと多くのウインドウズと生き方があるのに気付いていく。

いつわりの自分、仮りの分身が、勝手気ままにうごめき、増殖し始めるのだ。どんな嘘を並べても相手にはわからず、仮想の人間として気ままに振舞い、傷つくことがない。

冒頭の小説で語られる「EROS」というコミュニティのように、幻の恋であるサイバー・セックスが織りあげられ、ありもしないことばが綴られる。文字どおりのブラインド・デートで、互いの幻想は脹らみ、現実から遊離していく。

ここにも本のような文字による物語が生まれていた。テッド・ネルソンのハイパーテキストにあった「相互連結」が、コンピュータ通信を使って、新たな本を書き始めていたのである。

幻想として物語を紡ぐことは、それこそ旧来の本を筆頭に、古典的な手法として古くからあった。人は本や映画やゲームなどで、複数の自我を体験する。

問題は、MUDというコンピュータ上の遊びが、日常生活の中で、自分でない自分、「同時並行的なアイデンティティ」を頻繁に生み出すようになったことである。

対話による仮想空間の中に、現実の自分とは異なる虚偽の自分、多様なアバターが増殖していく。MITの教授だったシェリー・タークルは、「自我の複雑性や未開発の側面を表に出すことができる」と語り、MUDを自我の「複数分散システム」のメタファーといっている。

重要なことは、そういう心性が自己の現実という身体性の忌避に繋がり、自分以外の他者を血の流れる人間として認められないメンタリティを醸成し、肉体と精神の乖離を次第に深めていくことである。

肉体を持たない自己が、さまざまな種類の経験を重ねていくと、肉体をもつ現実の自己をなぜ重視する必要があるのかと思うようになる。騎士道物語に熱中したドン・キホーテが現実を無視して、安宿を「銀色燦然たる尖塔」と見たり、娼婦たちを「美しい姫君」と見る現象がふえていった。

ドン・キホーテの場合は、騎士道物語という本が触媒になっていた。だが、MUDで起きた肉体（現実）と精神（幻想）の乖離は、コンピュータという新たな機械が媒体になっている。コンピュータという機械が、第三の影の主役として登場していたのである。

そういえば、マルチユーザー・ダンジョン（MUD）の「ダンジョン」（Dungeon）には、中世の古い城の地下牢という意味がある。アバターたちは地下の空間に潜り込み、ありもしない物語を紡ぐ。仮想の暗い空間にくりひろげられる、身勝手なイメージを描く。

本書第9章に書いたピラネージの地下牢に直結し、古城を舞台にした非現実的なゴシック小説と似た幻想が、コンピュータを介して生み出されていたのである。

ニューヨーク大学のスコット・ブカートマンのことばを思い出してみるがいい。彼は「精神・身体の二項対立ではなく、精神・肉体・機械の三項対立の時代になった」と『ターミナル・アイデンティティ』で書いていた。

コンピュータに代表される二十世紀の技術が、かってこれほど強力な抑圧と解放を同時にもたらしたことはない、それも卓越した「恐怖と陶酔」とを呼び覚ましたと彼は書き加えている。

むろん抑圧と恐怖は肉体に属し、解放と陶酔は精神のものであることが多い。これまで緊密な関係にあった両者の間に忍び込み、肉体と精神を分離してしまうのは、現代文明の新たな主役、極端に高度化したコンピュータという機械である。

長い間、二元論で論じられた関係は、機械によって「三項対立」を構成し、機械の力で人間は猿の身体を脱ぎ捨て、解放や陶酔に浸っていったのである。現実や生き身の肉体とは似て非なる虚構世界を再現し、人々は身体を眠らせ、現実を無視したまま精神の領域に羽ばたく。

ときとして携帯電話などの出会系サイトで出会った現実のふたり、あるいはサイト内で誰にも相手にされないまま、現実に殺人事件を起こし、生の証しを求める孤独な男など、機械による抑圧は、さまざまな不幸を導いている。

それでも、ゲームやコミュニティで生まれ、増殖したテキスト群は、いずれも旧来の本とは異なるコンピュータによる本以外の何ものでもない。コンピュータが創り出した本の一形態であることにまちがいはない。

人々が手に入れた精神の解放や陶酔は、はたして新種の本と呼んで期待を寄せていいものだろうか、あるいは肉体の軽視として否定されるものだろうか。ここにも新たな本の誕生と紙の本の消失が起きていた。

紙の本の喪失だけならまだいい。これまで紙の本を自信を持って出版してきた既存の出版社が、あろうことかパーソナル・コンピュータ・ネットワーク上のテキスト群をそっくりそのまま紙の本に移し始めた。

新たな書き手の発掘、編集者が考え付かなかったテーマの発掘というには、五百年の紙の本を背景に擁する編集者にプライドがない。ＭＵＤに等しいパーソナル・コンピュータ内の文章が、どれだけ先人たちの書いたものに匹敵するか、どの編集者だって心の隅でうしろめたさを感じているはずである。

ひとえに量産と利益を追求する出版業界の悪癖の現れである。第三の現実として登場したコンピュータを正確に理解しようとしない怠慢である。もしうしろめたさを感じるなら、堂々とコンピュータやネットワークの世界へ向けて画期的な企画を打ち出すべきであろう。

いや紙の出版業界は、すでにデジタル化への足を踏み出していると反論があるだろう。だが、そのデジタル化がどれだけ旧来の紙の本を超えているか、自信を持って説明してくれる業界人はいない。

第16章　マルチメディアという本

アメリカの一九五〇年代末から六〇年代に使われた「マルチメディア」ということばは、華麗なライトショー、動画や静止画投影、ダンス・パフォーマンスなど、多彩な表現を組み合わせたロック・コンサートの意味だった。

このカウンター・カルチャーのイベントは、のちに用いられたコンピュータ関連の用語とはまだ無関係であった。

パーソナル・コンピュータの出現によって再登場した「マルチメディア」は、六〇年代ヒッピーのロマンチシズム、七〇年代新左翼のラディカリズムを土壌にしているといわれる。そういえば、当時、ウイリアム・バローズが書いた『裸のランチ』は、幻覚剤によって機械が生き物に変貌するなどの人工現実的な悪夢を描いていた。

つまり、コンピュータとその産物であるサイバーパンクは、カウンター・カルチャーの嫡子と見られ、かつてのロック・コンサートのマルチメディアが作り出したサイケデリックな幻覚を淵源とし、ふたたびパーソナル・コンピュータによって甦ったのである。

マーク・デリーが「サイケデリック革命なしにはパーソナル・コンピュータはありえなかった」と書いたように、歴史は連続しながらつながっていた。

たしかに、つながっていたはずだった。根底ではコンピュータとサイケデリックは確実に連続しながら、しかし表面上の事態はやや別の方向に反れていく。通底する部分は表に出ず、本質をおおいながらほかのメディアに引きずられていった。

おそらくパーソナル・コンピュータの能力が、まだ人間の想像力や表現力に追いつかなかったせいだとわたしは思っている。

少しのちの一九八〇年代末から九〇年代はじめ、人々の意識にあったマルチメディアは、単に複数のメディアを統合したメディアという意味である。複数のメディアとは、テキスト、静止画像、動画、サウンドで、それぞれが複合された表現ということになる。

くわえて、マルチメディアとユーザーとの間には、「インターラクティヴィティ」と呼ばれた双方向性を特性として持っていた。

一方的にメディア側から情報が流れるのではなく、ユーザーがキーボードやマウスでメディア側に指示し、メディアがそれに応答して動きを返す仕組みである。ユーザーはパーソナル・コンピュータと対話をしながら、メディアの表現を体験していく仕組みになっていた。

そのいずれをとってみても、初期のパーソナル・コンピュータには荷が重かった。せいぜいコンピュータ通信でテキスト・レベルの対話を行っていた程度なのに、動画やサウンドまで取り込み、ましてそれらすべてを連動させて、自在にマルチメディアを操作するとなると、なおさら能力も可能性も低かった。

　それでもいくつかの試みが行われている。しかもそのほとんどが、驚くことにゲームに似た作品だった。


　じつはこうした作品を語るのは、わたしにはどこかもの悲しい。

『スペースシップ・ワーロック』『アイアン・ヘリックス』『シンカ』『ミスト』『ドゥーム』『マラソン』『ダークシード』『オブセディアン』『ヴェルサイユ一六八五』『クルーセード』などなまえを思い出すだけで悲しさがこみあげてくる。

たとえば『スペースシップ・ワーロック』は、一九九〇年に発表された幼稚なアドベンチャー・ゲーム。背徳の惑星スタンプールをさ迷うプレイヤーが、次第に自分の進む道を見つけながら、敵のクロル帝国の核心に迫る。

『ミスト』は、ロビンとランドのミラー兄弟が二年間をかけ、一九九三年に完成させた力作である。絶海の孤島と一冊の本から始まるアドベンチャー・ゲームは、擬似三次元を多用した美しいシーンやサウンドで構成されていた。

『シンカ』は、イタリアのデザイナーであるマルコ・パトリットとその仲間が四年の歳月を費やして制作した作品。硫黄の雲に閉ざされた惑星オゴンから抜け出そうとする少女が描かれる。3D-CGの惑星の光景や少女の姿が美しい。

『ヴェルサイユ一六八五』『クルーセード』は、フランス・テレコムやCRIOが制作し、十七世紀のヴェルサイユ宮殿、十字軍の戦場などを舞台にやはり美しい三次元画像で楽しませてくれる。

いまから思えば、ストーリーも画像もサウンドも、高度化したビデオゲームのレベルにははるかに及ばない。制作環境でも、マシンの処理能力やソフトウエアの表現力はけっして十分ではなかった。映画にくらべれば、その前身の紙芝居にも似ていた。

思い出しても悲しいのは、それらの作品の稚拙さである。人の想像力を機械が受け入れないのに、むだな労力を重ねた無念さである。

それでもクリエータたちは与えられた条件の中で、最大限の努力を払っている。わたしは、彼らが使ったマシンやソフトを具体的に使い、知っていただけに、工夫と労力を注いだ苦労、それを支えた熱意が手に取るようにわかる。

にもかかわらず、こうした初期のマルチメディアは、ほとんど報われることがなかった。長くユーザーに愛されるまえに、高機能の環境下で制作されるビデオゲームなどの大波に呑み込まれていく。日本でも類似した作品の制作会社が、倒産の憂き目に会っている。

もし救いがあるとすれば、併走するゲームソフトに対し、作家を中心にした創造性という点で大きな役割を果たしたことであろう。パーソナル・コンピュータという個人的な環境下、娯楽とは異なった芸術性や文学性を重視した点も評価していい。

できるものなら、一九九〇年代初頭の小さな墓碑銘として忘れないでいたいと思う。サイバーパンクを引き継ぐマルチメディアには、はるかに及ばなかったけれど。

一方、こうした初期マルチメディアと併走して、もうひとつのマルチメディアが台頭していた。

やはり一九九〇年初頭にアメリカのボイジャー社で刊行された「エクスパンド・ブック」(Expanded Book) である。「拡大した本」という意味をこめたこのことばは、きわめて魅力的で、旧来の本を変える予感がこめられていた。

こちらも、テキスト、静止画、動画、サウンドをふくむ点でマルチメディアに変わりはなかった。しかし「ブック」という名が付くように、あくまでもテキストが中心で、画像やサウンドは副次的な位置に置かれていた。

魅力的ではあったが、ゲームに比較すると、やや本の側に後退したマルチメディアというほかなかった。

最初期のものはフロッピーディスクで提供され、内容のほとんどがテキスト、申しわけ程度に粗い画像やサウンドの一節が付いていた。メディアが高容量のCD-ROMになると、構成はそれほど変わらないが、映像やサウンドが精緻になり、収容量も増えた。

いくつか例をあげておこう。一九九二年刊の『バッハとそれ以前』は、古代からバッハの時代にいたる音楽の歴史を全九章、一四五ページで展開している。ほとんどがテキストの解説文、あとは関連する音楽の一部とイラストが配置されていた。

『砂の嵐——ペルシャ湾岸戦争』は、八週間におよんだ湾岸戦争を一週間ごとにまとめ、記者のレポート、タイム誌の紙面、ナレーション付きの静止画像、関連する人たちの声など、読者がおもむくままに見たり、聞いたりできる。

マーヴィン・ミンスキーの名著『心の社会』は、冒頭画面の下部から著者自身が迫り出してくるちゃめっ気のあるシーンがあるが、中身は図版が美しくデザインされた以外、ほとんどテキストで占められている。

極めつけは、『新グロリア百科事典』（英語版）。全二一巻の紙の事典が、そっくりCD-ROMに収められていた。くわえてカラー写真、カラーイラスト、アニメーション、ムービーがそうとう量入っている。少し遅れて、平凡社の百科事典、マイクロソフト社のエンサイクロペディアがつづいたが、いつの間にか消えていった。

いまさらいうまでもないが、こうしたマルチメディアは、ほんどが旧来の本をわずかに進化させたものである。基本にはつねに紙の出版物があり、それに付加するようにサウンドやムービーが取り込まれているだけだった。

追って日本でもボイジャー社と提携したボイジャー・ジャパンが設立され、独自の日本語版エクスパンド・ブックを刊行し始めた。

画面や内容の構成は、ほとんどアメリカ版と同じである。ただ、同社が新たに試みたのは、日本語テキストの縦書きとフォント（書体）の工夫であった。これによって画面に表示されるページは、日本語の紙の本を読むように読みやすくなった。

この労力は高く評価しなければならないが、逆にいうと、日本語版エクスパンド・ブックもまたテキスト（文字）へのこだわりから抜け切れなかった。パーソナル・コンピュータで表示はするが、むしろ本そのものにかぎりなく近づく方向性とわずかなインターラクティヴィティしかなかった。

ちょうどグーテンベルクの合金活字技術が、古い手書きの写本を目指したように、エクスパンド・ブックはパーソナル・コンピュータという新たな技術を使いながら、古い紙の印刷本を目指していたのだ。

そのせいか、既存出版社の本が相当数、エクスパンド・ブック化され、現在でもかなり流布している。また同社が開発した電子本ビュワー「T-Time」「アジュール」によって読む「青空文庫」「電子文庫パプリ」などの電子本も広く読まれている。

マルチメディアがコンピュータゆえのサイバーパンクに関わるとすれば、ここにはその片鱗さえない。既刊本のデジタル化を無償で行う「青空文庫」をふくめ、旧来の本のデジタル化だけである。マルチメディアということばは、カウンター・カルチャーという本来の性格から離れた場所に追いやられている。

こうした状況を裏打ちするように、ゲームや電子本が出始めた一九九三年、ある新聞社の読書欄でなんとCD-ROMの「ニューメディア」がはじめて書評された。同紙はその少しまえ「マルチメディア」の可能性を語るかと思えば、逆に霧の中と評価する迷走を見せていた。

取り上げられたのは、大手出版社の写真集がヘア問題で裁断・絶版にされ、それを別の会社でCD-ROM化した『YELLOWS』である。内容は普通の日本人女性を全裸写真集にまとめた部分と、断裁にいたる経過を撮った動画で構成されていた。

全国紙に本と同じレベルで取りあげられた最初のCD-ROMが、あろうことかヌード写真集であった。書評の趣旨は、紙の本より電子ブックがはるかに低コストでできることに絞られていた。マルチメディアがこの程度でしか理解されなかった当時の状況がよくわかる。サイバーパンクに直結するコンピュータならではのマルチメディアは、けっきょくどこにも姿を見せず、もっと別の領域で着々と用意されていた。

しかも皮肉なことに、サイバーパンクの革新性は、一九八〇年代に登場したサイバーパンク小説と呼ばれる本、ウイリアム・ギブソンを代表する作家たちによるきわめてオーソドックスな紙の本として実現しただけだった。

第17章　知の拡大と情報の記録

すでに常識になっているので簡単にすませるが、インターネットが産声をあげたのは、一九六〇年代にさかのぼる。前出（第13章）のエンゲルバートが考えた「人類の知を拡大するための概念図」が、米国防総省の高等研究計画局（ＡＲＰＡ）の資金をえて「アルパネット（ARPANet）」としてスタートした。

はじめは、国防総省と数少ない大学の研究機関を結んだだけだった。目的は国防に関する情報の共有・分散で、文字どおり「知の拡大」を図るとともに、冷戦時代の仮想敵国による攻撃への備えでもあった。

一九八〇年代になってから、ネットワークは一般の大学、研究機関、企業間へ広がっている。日本では、一九八四年、ＵＮＩＸコンピュータ間の接続実験「ＪＵＮＥＴ」が慶應義塾大学、東京工業大学、東京大学の間で始まった。

インターネットはすでに初期の段階から、国務機関という権力側の情報管理やアカデミズムという別種のオーソリティ（権威）に深く結びついていた。拡大する「知」は、将来のインターネットが孕む性格の一端をすでにこのとき垣間見せている。日本では一九九三年になってやっと大手商社などがバックアップした「IIJ」などの商用プロバイザーが設立され、インターネット・プロトコル（IP）による接続がスタートした。これをきっかけに次々とIPSが誕生し、一般の人々のインターネット利用が急速に拡大していく。

実際のインターネットについては、いまさら語る必要もないだろう。わたしが最初にアクセスしたときは、英文字だけの羅列だった。リンク機能が付いていて、ほかのサイトに飛ぶことができたが、学術的な専門情報が多く、内容はほとんど理解できなかった。一九九三年になって、はじめて「モザイク」「ネットスケープ」というブラウザーを使うと、文字以外にカラー写真や図表などが表示されていたのに感動した。まるでこれまで見なれていた印刷物そっくりだったからである。

いまでも「ホームページ」といった表現を使うように、多くのユーザーたちは、画面を本や雑誌といった印刷物（ページ）に見立てている。デザインも類似していて、きっと意識のどこかに印刷物を見ている感覚が残っているのだろう。インターネットもまた紙の印刷物の類似品、または代用品といってさしつかえないのである。

むろん、動画やサウンドが付き、リンクが張られているから、その意味で本が進化したマルチメディアの一種といっていい。第14章で触れたハイパーテキストにきわめて近い「紙を超えた本」の姿をある程度実現している。

コンピュータを使った本の一種が、ここでも再創造されたのである。

インターネットが普及する時期、マルチメディアに希望と不安を抱いていた某全国紙も、雪崩を打つようにインターネットの紹介にシフトしていった。当時の代表的な知的全国紙が、マルチメディアを体現した「ニューメディア」に飛びつくのもむりからぬところがあった。

人々はインターネットの出現にどれほど喜んだことだろう。必要な情報がデスクの前に座りながら、わずかな時間で手に入る。人々に伝えたかった情報が容易に発信できる。印刷時代にかけた時間やコストも少なくてすむ。地域による情報格差が、一挙に解消されるからである。

企業は会社案内から製品カタログまで、次第にインターネットで済ますようになった。販売会社はショッピング専門のサイトを開き、証券会社は株取引ができるサイトを開いた。企業間の取引もインターネット経由の「C to C」が行われた。

官公庁はある程度の情報を公開し、地方自治体は観光情報まで流す。大学などの研究機関は学術的なデータを公開する。新聞社は紙の新聞の一部の情報を提供する。個人は自分の日記や趣味の情報を公開した。

面倒なＨＴＭＬ、ウェブ制作ソフトを使わなくても、簡略にできるブログが普及して、日記などの個人情報がさらに大量に発信された。二〇一〇年にはわずか数行の文字だけを発信するツイッター全盛である。

インターネットに連動する電子メール機能も、ビジネスレターから私信まで、既存の紙に書いた手紙を凌駕して利用されるようになった。どれだけ時間と経費の節約になったことか。しかもそれぞれが、世界規模に近い広範囲で行われる。光通信のグラスファイバーを経由して、文字通りクモの巣のように張り巡らされたウェブは、後進国は別にして、全世界の都市や町におよんでいる。情報格差の是正は、ほぼ地球規模に及ぶ勢いである。

インターネットは、二十世紀末に始まったまれに見る高度情報社会の主役にのしあがってきたのである。エンゲルバートが考えた「人類の知を拡大」が、あふれる膨大な情報量によってわたしたちにもたらされたのだった。

他方で、わたしはインターネットの功績に身をさらしながら、いつも耳もとにこだまする声があった。マイケル・クライトンのＳＦに登場する数学者が口にした、何気ないことばである。「情報社会にあっては、だれも何も考えようとしない。われわれは紙を追放しようというが、じっさいに追放したのは紙だけでなく、考えることだ」。

インターネットが再創造された本の一種と思われながら、そこには奇妙な違和感が内包されている。

たとえば、あふれる情報は、往々にして発信者からの一方的な押し付けである。企業なら売るための情報、個人なら独りよがりの感想、官公庁なら都合のいいデータのおすそ分け、電子メールならボックスにあふれる出会い系の迷惑メールなどである。

ディスプレー上のことばや画像は、無秩序な情報を発信者の都合だけで押し付け、ただ垂れ流すだけである。ハイパーテキストの「相互連結」も、ユーザーサイドが必要な情報にアクセスする片側通行がほとんどである。情報によってユーザーに新たな思考を促し、相互にやり取りする要素は総量の中ではそれほど多くない。

結果として、こんな現象さえ起きるようになっている。哲学者のマイケル・ハイムが指摘した「インフォマニア」（情報狂）という病気である。あふれる情報を手元に集めなければ落ち着かない人、できるだけ多くの情報を手にしないと、時流に遅れると思い込む人たちである。

情報がビジネスの最大の武器といわれる時代にしても、インフォマニアは情報の「意味」を考えず、情報収集だけで知識や意味を持ったと錯覚し、満足する。送り手と受け手の非生産的な関係が浮かび上がる。

もし本などに使われている文字やテキストが、静かに思いを巡らせ、ときに深く考えるための道具であるとするなら、インターネットに代表される情報化社会は、空虚な空洞を抱え込んでいるだけということもできる。

やはりインターネットのサイトの多くは、本とは無縁の世界なのではないか。

知識人の中には、がらくたの山にすぎないと口にする人がいるが、彼らのことばも半ば当たっている。むだともいえる情報が多すぎるのだ。「意味を考えて接することのできる情報量には、生物学的に限界がある」（マイケル・ハイム）。人間にとって、過剰な情報は功罪の罪の方が大きいとさえいえよう。

たとえば、科学ライターのM・ヴェルトハイムは、『サイバースペースの真珠の門』でこんなことを書いていた。真珠の門はキリスト教の用語で、天国へ入る七つの門のことである。彼によると、アメリカ人がインターネットに求めるのは、かつてキリスト教徒が求めたニューイエルサレムの天なる都だという。完璧な王国が彼ら待っているのは、電子のドアの向こう側であると。

背景にあるのは、いま「危機を生きている」アメリカである。「パックス・ロマーナ」（ローマの平和）が崩壊していくローマ帝国時代末期に似て、「不公平、崩壊、断片化といった特徴を持つ時代」、社会への信頼も社会の目的も失ってしまったアメリカだからこそ、見る夢の世界はインターネットの向こうにしか求められない。

あるいはウンベルト・エーコが指摘したフェイク（模造品）の歴史や文化しか持たないアメリカは、コンピュータによる人工現実に依存するほかないからだろう。

わたしたち日本人の多くも、似たようなものではないか。アメリカの模倣に生きる日々の生活には、信頼や目的のかけらもない。ひたすら走り回っているのは、目前の利益や権威の保持やささやかな偽りの生きがいのためである。

とすれば、インターネットはその幻想を手に入れるための道具でしかない。はたして空洞を抱え込んだいまのインターネットに天国など求めて得られるものだろうか。

決断はいますぐ下さなくてもいい。仮りに下したとしても、インターネットの空疎な構造と情報の無意味さを知るだけのことかもしれない。インターネットが本であるとするなら、なんと皮肉な本であることか。

サイバーパンクに直結するはずだったマルチメディアの一例として、完璧に旧来の本を超えるものになりきっていないのである。ここには創造的な想像力を呼び覚ますものが、きわめて少ないからである。


しかし裏返していえば、インターネットによって流される膨大な情報は、良きにつけ悪しきにつけ、この時代のありのままを表現する記録でもある。企業の製品情報も、個人のある日を書いた日記も、この時代の刻々を記録するデータとして残っていく。

まだＭＩＴの学生だったジャネット・Ｈ・マレーが、コンピュータをまえにして予感したように、今日の本が取りこぼしたものとして残っていく可能性がある。現実の本ではないが、近い未来になって、過去の人間や社会を読み解く資料本として意味を持ってくる。

わたしはときとして、インターネットにサイバーパンクの伝統を引いたマルチメディアの登場を想うことがある。企業でも団体でも個人でもいい、ビジネスの功利を離れた領域で、人々の歴史や文化のために現在と将来を思考し、感じるサイトを開くことである。

あるいはひとつのテーマで開かれたポータルサイトを基点にし、的確で確実なリンクが張られ、みずから増殖していくハイパーテキストのような本である。「知の拡大」は、そのときはじめて「五世紀の歴史を持つ印刷文化の子供」を誕生させる可能性がある。

もうひとつは、表向き禁じられた誘惑ではあるが、アウトローの文化に徹することだろうか。

いつの時代にもあったように、既存の価値として確立されたインターネットに対し、その嘘と無用の情報に秘かな攻撃をしかけることである。

　強いて特定のサイトを目指した侵入や破壊を勧めるのではない。匿名のブログやサイトによって、インターネットに代表される押し付けの欺瞞や虚偽をあばく情報を発信しつづけることである。

　すでにそうした試みは、数多く見ることができる。体制に組み込まれたＴＶ放送に代わって、無料で動画を受け入れて流すユーチューブやニコニコ動画が海上保安庁の極秘動画を流したように、かつての権威を放棄した新聞に代わって、ウィキリークスがアメリカ政府の極秘情報を流したように、である。

　場合によっては、フィレンツェの道徳的荒廃、人々の醜悪な生きざまを糾弾し、火炙りの刑に下ったサヴォナローラのような炎上に終わるかもしれないとしても。

　しかしたとえそうであっても、その数が集積することによって、歴史の痕跡を残すことができる。場合によっては、インターネット独特の「相互連結」の機能によって、情報の断片があふれる「まだ飼いならされていないその機能」を生かすことができる。

　サイトの中の新たな本の出現は、こうしたいくつかの試みののちに実現されるのではないかと思っている。

第18章　ビデオゲームという本

コンピュータを使った通信の黎明期、若者の間に流行ったMUD（マルチユーザー・ダンジョン）の一部は、テキストで展開するゲームだった。そこで作られた文字の物語は、ゲームの形で書かれたコンピュータによる一種の本であった（第15章）。

同じようなゲームとしての物語は、すでに触れた画像やサウンドで構成された素朴な「マルチメディア」として、パーソナル・コンピュータ上で展開された。かならずしも成功はしなかったが、コンピュータによる新種の本としてそれなりの役割を果たしていた（第16章）。

素朴で終わらざるをえなかったのは、当時の制作環境や再現環境であるパーソナル・コンピュータがまだ未成熟だったからである。しかし秒進分歩といわれた技術の急速な進化は、これらと併走するように新たな展開を見せていた。

一般にビデオゲームと呼ばれる物語としてのゲームが、別の場所で着々と進行していたのである。

わたしが最初に目にしたゲームは、一九七〇年代、『スペースインベーダー』『ギャラクシアン』である。当時はテレビゲームと呼ばれ、専用のゲーム機がゲームセンターや喫茶店に置かれていた。

侵入する宇宙人を攻撃する単純なシューティング・ゲームだったが、すばやい反射神経を要求されることから、大人も子供も熱中していた。画面上のCGが発する異様に輝く光が、はじめて見る魅力で人々を引きつけていたかもしれない。

一九八〇年代になると、家庭に入ったファミコンの『スーパーマリオブラザース』『ドラゴンクエスト』が、子供たちをすっかりとりこにした。同じころ、すでに大人であったわたしは、『信長の野望』『A列車で行こう』『シムシティ』などの同じゲームをMS-DOSのPCで試みていた。

この段階から、単なる運動神経を競う娯楽中心のゲームは、ロールプレイング・ゲーム、シミュレーション・ゲームとして、頭脳作戦を要求する物語の姿を持ちはじめた。つまり多少の思考が要求され、プレイヤーは武将の戦略を考えたり、街を作ったりするようになったのである。

ただし画像は二次元の平面画で、どこか絵本や素朴なアニメに似ていて、まだビデオゲームとしての斬新さや迫力は感じられなかった。

一九九〇年代の最大のできごとは、ファミコンやPCよりはるかに処理能力のすぐれたゲーム機の登場である。「3DO REAL」「プレイステーション」「セガサターン」「PC-FX」

などが開発され、内容も三次元画像（3D-CG）の多用、物語の複雑さを競うゲームが登場した。

ゲーム機といっても、基本的にはコンピュータと同類で、CPUやメインメモリやプログラムなどから構成されている。ただし処理能力は通常のパーソナル・コンピュータを超え、さらに画像処理などのための浮動小数点演算能力、ビデオRAMなど、3D-CGの描画能力が付加されている。

それまで二次元の平面画にすぎなかった画像、縦横の二次元にかぎられていた動きも、スピードを増して、XYZ軸に対応する三次元の動きを可能にした。平面画の時代よりも臨場感にあふれ、たとえばファイティング・ゲームのようなすばやい動作によるゲームの妙味を楽しむ人が増えた。

当時の新版『ドラゴンクエスト』『ファイナルファンタジー』『バイオハザード』をわたしも試みたが、暇もないせいもあって完全制覇するにはいたらなかった。物語は複雑を極め、操作機能も増え、一筋縄ではいかない物語になっていた。当時、本屋に何種類もの攻略本が積み重ねられていたから、ゲーマーの多くが同じような悩みを抱えていたのだろう。

極めつけは『ファイナルファンタジーVII』辺りで、フルポリゴン（多角形）による完璧な3D-CGのリアリズムを画面上に再現し、いっそう現実に近い臨場感を持った。つづく『ファイナルファンタジーVIII』は、圧倒的多数のゲーマーを引きつけ、記録的な売り上げを見せた。

二〇〇〇年代も同じ方向で加速していったが、一方で「プレイステーション・ポータブル」

や「ニンテンドーDS」が発売され、そうした傾向にやや変化が見られ始めた。細密な3D-CGの多用、高度な操作、写実性への反動が起きてきたことも事実である。

同時にまた別のプレイヤーは、高速光通信のインターネットを利用したネットゲームに直に参画し、見知らぬ人たちと連携を取りながら、ゲームに夢中になっている。仮想の空間にひとりのアバターとして入り込み、特定の役回りを引き受ける。

ここでもプレイヤーは他の人格になるドラマが、人を引き裂きかねない状態に陥っている。基本的にはプログラムが用意した条件の範囲内で遊びの自由や緊張を泳いでいるだけである。

もう少し、ビデオゲームの内幕を見ておこう。

ゲームの制作は、単純化していえば、ゲーム全体を企画・管理するプロデューサー、具体的な内容を企画するプランナー、平面図や3D-CGを制作するデザイナー（グラフィッカー）、台詞などを書く脚本家、サウンドを作成する作曲家、ゲーム機上の動きを可能にするプログラマやデバッカーたち、機器同士の通信機能を持つ場合のネットワーク・エンジニアによって行われる。

膨大な資金を投じて制作される今日のゲームは、たとえば一作品に七つのチーム、六〇〇人のスタッフという膨大な数の労働力を分散配備させるが、それでも骨格になるのは上のような作業が中心になる。それはアイフォーン（iPhone）用の小さなゲームがたったひとりで開発されても、規模の大きさに関係なく、やっている作業はほぼ同じである。

それにしてもビデオゲームならではの特性を決定付けるひとつは、3D-CGの画像とストーリーであろう。

まず3D-CG画像の概略だが、三次元画像は基本に「ポリゴン」と呼ばれる多角形を使う。三角形ないし四角形の平面を組み合わせ、「モデリング」といわれるキャラクターなどの原型を作る。データ容量を減らすために、モデルの中は空洞になっている。

空洞にならないフルポリゴンもあり、3D-CGのリアリティを増す利点があるが、ゲーム全体のデータ容量が増加するため、ゲーム機種の能力に応じて回避されるケースが多い。

ついでモデルの表面に色や模様のテキスチャを張る「マッピング」を行い、キャラクターなら皮膚や衣服などをつけた外観が整えられる。背景の建物や風景なども、細かな描写が施される。

さらに見かけの立体感を出すため、光と影を与える「ライティング」を設定する。ついで特定の方向から見る視点の「カメラポジション」を決めて、「レンダリング」を行うと、静止した3D-CGの画像が完成する。

この状態では一枚の画像でしかないが、連続した動きのアニメーションにするには、カメラの位置やライティングや時間（タイムライン）を設定して、モデル自身に動きを与えればいい。たとえば髪の毛をなびかせるとか、腕を上下させるとか、回転させるといったように。

モデルの移動は、カメラやライティングの位置をXYZ軸方向に変化させせながら、同じように「レンダリング」を行う。実際にはカメラが動いているのだが、画面ではXYZ軸のどの方向へもモデルが自由自在に動くように見える。

ディスプレー上の3D-CGは、プログラマが受け持つプログラミングによって、プレイヤーの選択、指示に従いながら、あらゆる方向に生きもののように動くわけである。

問題は、3D-CGの画像が持つ独特の性質である。いかに現実らしく見え、動くにしても、3D-CGの画像は、わたしたちが見る現実とは大きくかけ離れている。

その理由は四つある。

第一は、デジタル画像が「ドット」という光の点の集合体で表示されていること。

第二は、自然の反射光でなく、みずからの発光で画像を表示していること。

第三は、モデリングされ、マッピングされた立体画像がデザイナーの想像だけで作られていること。

第四は、画面上の動きがけっして自然のそれに追いつけないことである。

わたしたちが現実の世界でものを見る場合、人の視覚が捉える現実は、光の反射光であり、距離が遠くなればなるほど、目に入る反射光が弱くなっていく。そのため現実には遠近感が生じ、風景を構成する。

しかし均一の発光点であるドットで表示されるCGは、全画面が満遍なく同一の光で輝きわたり、光が弱まる方向への奥行きが感じられない。影を付けたり、Z軸方向に奥行き（遠近感）を出すが、CGはもののみごとに現実の光景と異なり、この世のものとは思えない世界を作り出すのである。

画像はデザイナーの恣意によるため、自然のリアリズムを持った姿とはかなりかけ離れている。またキャラクターや風景の動きは、生物的な自然の動きに近くはあるが、機械が処理する以上、自然そのものになることはありえない。どこか擬似的な動作が残っている。

ＣＧ作家の藤幡正樹は、「私達の現実生活とはパラレルに別の世界が存在しうる」と感じ、「かなりドキッとした」とかつて語っていた。彼のことばは、きわめて適切にＣＧの特徴を指摘している。現実には似ているが、まったく別の仮想世界がＣＧにあるということを暗に示している。

ビデオゲームの画像は、現実とは「別の世界」として、生活感覚のリアリズムを喪失した画像、バーチャル・リアリティを突きつけているのである。

もうひとつは、ストーリーである。

ビデオゲームの代表的なロールプレイ・ゲームの発端には、一九六〇年代、カウンター・カルチャーに再発見されたトールキンの『指輪物語』がある。「細部まで徹底した世界設定の方法と等身大の英雄譚として神話を再構成していくシステム」が、コンピュータ・プログラムに適合した。

インターネット・ゲームの世界を描いた小説『ＳＯＵＰ』（川端裕人）にも、トールキンやル・グインの『ゲド戦記』が語られている。基本的にビデオゲームのストーリーが、本の作り上げた物語を踏襲している点で、ビデオゲームはコンピュータ・メディアに変換された文学、本の一変種ということができる。

しかし、ここにも限界がある。プログラムされた筋書きの枝葉は、プレイヤーとして見極めがつけがたいほど多岐にわたっている。ゲームの終了までたどり着けないほど、複雑に構成されているが、プログラムされた大筋は決められ、プレイヤーの想像力や思考を受け入れる許容力は多くない。極論すれば、与えられたストーリーの選択だけで、複雑さは枝葉末節の変化にすぎないのである。

むしろ画像とあいまって、ストーリーのドラマツルギーはゲーマーの感覚を刺激する目的が大きいため、闘い、スリル、恐怖、残虐といった効果に価値が置かれがちである。

その意味では、本のデジタル化はまずビデオゲームから始まったといえるが、ストーリーを展開する本とは異なっているといえよう。

では、多くの若者を引きつけた要因は、何だったのか。

表向きは、ゲームのわかりやすい視認性、展開するスピード、効果サウンドなどが、本の文字を追う読書のけだるさやもどかしさをきらう若者たち、マンガやＴＶや映画の映像の世界に親しんだ彼らに合致したことがあった。

くわえて二次元の漫画や映像にくらべて、登場人物の動きをより複雑に自分で操作できるおもしろさが生まれた。それだけ自己参加の没入感が、強くゲーマーの感覚や心を捉えたこともあった。

一方で、「マルチメディア」が本来持つべきサイバーパンクの特性を引き継いでいることもあったのではないか。

現実を離れた異次元の多彩な光とサウンドによって構成された、サイバーパンクやカウンター・カルチャー。その嫡子と見られ、かつてのロック・コンサートのマルチメディアによるサイケデリックな幻覚が、ふたたびビデオゲームに甦ったのではないか。

ひとことでいえば、バーチャル・リアリティである。ビデオゲームは本に類似しながら、本を離れたサイバー・スペースとしての独特の物語を再創造した。

二〇一〇年の頃になると、三次元映像が空想的な要素を離れ、日常生活のリアリズムに近づく傾向を見せている。平凡な父親が息子を探す『ヘビーレイン』の画像は、リアリズム映画の実写映像に近い作り方をされ、ゲーマーに新鮮な感動を与えている。

ただしその方向は、技術的な行き詰まりを糊塗する妥協の可能性もある。プログラミングを自動化するゲーム・エンジンの開発によって、従来よりもっと高度なゲームの世界が登場しつつある。

本につながりながら、本を消す「ニューメディア」として忘れるわけにはいかない。

第19章　仮想と人工現実の限界

一九五〇年代を代表するアメリカのSF作家、ユーモアや風刺や叙情にあふれた作品の名手ロバート・シェクリーにこんなことばがあった。「買い手のあるかぎり、科学がつくり出せないものは絶対にありません」。

短編「地球への巡礼の旅」は、若い青年が農業を専業にしたカザンガ第四惑星から地球へ旅する短編である。星間行商人のセールストーク「戦争と恋愛はわが地球の二大生産物でね。地球創世の時代から、わたしたちはこの大量生産に従事しておるんでさ」に乗ったのである。ニューヨークに降り立った青年は、恋愛配給会社を訪ね、かねて夢見た月の夜、海辺で美しい女性と語り合う恋愛コースを体験する。しかしそれは、技術の力で「頭脳中枢を調整し、刺激し」て作り出された体験でしかなかった。

こんなものは恋愛ではないと叫んだ青年は、即座に地球をあとにする。アメリカのSFは、すでに一九五〇年代、科学によるバーチャル・リアリティを描いていた。

同じような話が、五十年後の二十世紀末にもくりかえされた。映画『マトリックス』に登場する現実側の男が、ステーキを食べたさに仲間を裏切るときである。

現実とは異なるバーチャル・リアリティに生きる敵に誘惑され、「五感で感じられるのが現実なら、それは脳による電気信号の解釈に過ぎない」のを理由に、自分はステーキが味わえるバーチャル・リアリティでも十分といい、敵方に寝返るのである。

ウォシャウスキー兄弟によるこの映画は、アナログ世代にはわかりにくい内容だった。原因は、ふたつの世界が共存する作品の構成にある。話が進行する現在は、二一九九年の地球、約二百年後の廃墟になった都市である。

もうひとつのまるで現在のように見えるニューヨークの街は、コンピュータがつくったバーチャル・リアリティ。ビルも人もプログラムされた人工現実の世界である。

人工知能を持ったコンピュータが地球を支配した未来世界で、バーチャル・リアリティは「真実を隠すために目のまえに下ろされた虚像世界」として作られていた。このからくりを知った主人公ネオや地底深くに生き延びた人間たちが、虚構世界（マトリックス）のエージェントたちと闘いをくりひろげる。

恋愛も味覚も脳に与える電気信号にすぎないなら、現実も虚構世界も似たようなものである。だが、農業惑星の青年が地球上の現実の恋愛を求めるのも、生き延びた人類がバーチャル・リアリティのニューヨークを作ったコンピュータと闘うのも、ひとえに人間の五感が感じ取る現実感覚への信頼、リアリティの確かさを暗に語っているのではないか。

ここには、バーチャル・リアリティへの根深い不信がある。

不信が何に拠っているかを問うまえに、バーチャル・リアリティということばをもっと正確に知っておく必要がある。

たいがいの日本人が、一般に「仮想現実」の訳語を使っている。ここまで書いてきたこの本の文章でも、同じような使い方をしてきた。自由に想像された仮りの現実、しかもコンピュータが創りだした架空の現実といった意味である。しかしこのあいまいな訳語は、正しくないとする意見がある。指摘したのは舘暲（東京大学教授）だった。

彼によると、バーチャル・リアリティは現実が持つ要素のうちの「重要な要素、すなわちエッセンスだけをもったもの」を指す。機械によってつくり出された別の現実、しかも現実の本質にしっかり根差して再現されたものであり、けっして虚構や虚像や想像ではない。

たとえばプロのパイロットが訓練に使うコンピュータ・グラフィックス、自動車部品の構造試験や車体の風洞実験に使う3D-CGなどがその具体例である。もしこれらのCGが実際の飛行機や自動車のデータを正確に反映せず、気ままに描かれた画像なら、操作や実験から得られる結果はまったく実用の役に立たない。

バーチャル・リアリティは、見かけは現実そっくりに見えないが、データ（数値）というエッセンスだけは、しっかり現実そのままを再現している。そのために現実のもうひとつの世界、「人工現実世界」と訳すべきだと彼は主張する。

仮想現実の「バーチャル（仮想）」と「リアル（現実）」は、ことばの上では相反する世界と思われる。が、バーチャルはけっしてリアルの反義語ではなく、対立する概念や用語ではない。

誤解が生じたのは、バーチャルの概念が日本語にも漢字にもなかったせいだとも付け加えている。

バーチャルとリアリティは、ぴたりと重なった同一レベルの世界で、「人工現実」と表現するのが正しいのである。人工現実の中で手探りをすれば、かならず現実の硬い感覚が肉体という手の中に残る。くわえて、それは現実の世界にとって有用でさえある。

ところが、ＣＧのすべてがそうではない。

たとえばビデオゲームのモデリング段階で描かれるＣＧは、デザイナーの想像力によってかなり気ままに作りあげられる。特定の人や物の実際のデータを反映しているとはかぎらず、恣意的に想像された画像である。モデリングされた立体表面に張られるテクスチャや発色が、さらに現実を変容させている。

「仮想現実」ということばになじむのは、こちらの方であろう。現実のデータは無視され、現実的な本質を離れた「仮想」が全体を支配する。その仮想も画面上の電気信号にすぎない。とすれば、「人工現実」と「仮想現実」は、舘暲の提言のようにはっきりと区別されて使われるべきであろう。本書の記述は、以下、この線に沿って行うことにする。

それに現実のデータに基づいた人工現実にしても、構造の点では現実そっくりであるが、その外見はビデオゲームのモデルと同じように、かならずしも現実を再現していない。表面の色などテストに関係ないからである。人工現実でさえ、一種の想像に彩られ、仮想の要素を持っている。

農業惑星の青年やコンピュータと戦うネオたちが抱くバーチャル・リアリティへの不信は、どちらにしろ、消し去ることができないのである。

これこそ、前章で触れたように、本の作り上げた物語を踏襲し、コンピュータ・メディアに変換された文学、本の一変種と考えられるビデオゲームの持つ限界である。


限界といえば、さらに技術的な問題がある。

映画『マトリックス』が華々しく上映された同じ一九九九年、ドイツ・ニューシネマ出身の監督ジョゼフ・ラスナックが作った『13F』が公開された。原作は一九六四年に書かれたダニエル・F・ガロイの『模造世界』である。

映画は一九三七年のロスに始まる。登場人物のひとりフラーが開発したバーチャル・リアリティの世界で、一九九九年の現在、ロスのビル十三階にあるコンピュータによって再現されている。『マトリックス』のニューヨーク街頭と同じように、過去にバーチャル・リアリティの世界を構築している。

過去の世界には、現在に生きる人間とそっくりのデータでプログラムされた固体ユニットが再現され、電子回路の集合体として自分で学習しつつ、生きている。もし過去の世界に行きたければ、現在の人間が過去の自分に意識を転送（トランスファー）すればいい。

まだ開発途上にあったため、開発者のフラーだけが、秘かにそれを実行していた。ある日、過去からもどった彼が、思わぬ手紙を残して殺されてしまう。

「あんな恐ろしい真実を知らないほうがよかった。それを知ってしまった以上、彼らは口封じのためわたしを殺してしまうだろう」。

バーチャル・リアリティとしてコンピュータで作り上げた一九三七年のロスの世界に、思いもしない未完の部分が残されていた。コンピュータが不完全な現実世界しか作れなかったのに気付いたのである。

殺人の嫌疑をかけられた同じ開発者の若い男が、過去の自分に意識を転送して、殺人の真相を探ろうとする。

ある発見とは何か、未完の不完全な世界とは何か、すべてをひっくりかえす事実とは何かをここで明かしてもいいだろう。この映画はさらに先の謎へと進むからである。

それは過去のバーチャル・リアリティ空間に限界があったことだ。街を外れ、信号を無視し、バリケードを突破して進んだ果てには、動くものも、生きるものの影もない。すべてが静寂に包まれた、魂が凍りつくような空間だった。

道路がとだえ、風景が終わる先には、剝き出しになったモデリングの原型、線で描かれたポリゴンの連なりだけが広がっていた。

過去の人工空間に生きる固体のひとりがそれを知り、自分の置かれた世界の実体に気付いて、制作者のフラーを殺したのである。ちょうど『マトリックス』のネオたちが、コンピュータと闘うように。

この映画のテーマのひとつは、殺人を犯した固体ユニットが叫ぶ「何がほんものか、おれたちをもてあそぶのはやめてくれ」に集約されている。バーチャル・リアリティには技術上の問題があり、科学が作り出せないものがあることを意味している。

二十一世紀初頭の科学は、日常的に脳とコンピュータを結び、刺激を与えてバーチャル・リアリティを作るまでにはいたっていない。むろん、ビデオゲームの視覚をとおして脳に送り込まれる光の画像信号も、本来のバーチャル・リアリティとして限界を抱え込んでいる。

ビデオゲームはあくまでも完成した世界に見えるが、かならず技術の限界によって行き先を閉鎖する壁が設けられている。プレイヤーの想像力はそこでストップさせられ、それ以上羽ばたくことができない。

描かれるキャラクターたちも、『13F』の固体ユニットが「おれたちは作られたもの。どうせこの世から、抜け出せない」と叫ぶように、かぎられた役割しか持たず、プレイヤーの想像を十二分に受け止めることができない。

こうしたビデオゲームとは、いったいどういう意味があるのか。その答えは一九六〇年代、サイバーパンクやサイバーカルチャーの渦中に生き、その実際を克明に書きとめたマーク・デリーに聞くのが一番いいだろう。

彼の『エスケープ・ヴェロシティ』は、事実に即そうとする姿勢からだろう、著者自身の意見は余り聞こえてこない。が、ときおりはさまれる辛辣な批判は的確この上ない。

その中のたったひとこと、「サイバースペースは、精神と肉体の間で引き裂かれた二十一世紀の分裂病的人間のアヘンなのだろう」。

これこそ十分な回答である。サイバースペースは、かぎりある世界を舞台にし、限界の終わりという夢を実現するファンタジーだといいきってみせる。

そう、バーチャル・リアリティもビデオゲームも、アヘンに似た人工の世界を再現しながら、本が持つ無限の想像力を殺し、本自体を抹消しているのである。

さらに困ったことに、冒頭で引用したロバート・シェクリーのことばは、現実的には次のようにいい換えることもできる。「科学がつくり出すかぎり、買い手はかならず喜んで購入します」。

コンピュータという科学の申し子が作り出すサイバースペースは、それが現代科学の最先端である限り、誰もが喜んで購入し、日常生活全般でその支配下に屈してしまう。「はじめに」でも触れたイリヤ・プリゴジンのことばのように、社会と科学が結びついた緊密なフィードバック・ループの力は強大なのである。

精神と肉体を引き裂く機械がもたらすのは、「分裂病的人間」がかじりついて離さなくなったアヘンである。人々はアヘンによるバーチャル・リアリティに安住し、ドン・キホーテのように書物の架空世界に生きたつもりになる。

もしアヘンによる没入が常習化している場合、夢から醒め、現実という肉体に立ち返ろうとすると、人は往々に失った肉体を鞭打つように、現実社会への攻撃を開始する。人は見知らぬ他人やみずからの身体を傷つけて、はじめてみずからの肉体を含む現実感を取り戻す。

しかし、もうそのときは遅い。自死するか、刑罰を受けるかで、社会からも肉体からも人ははじき出されてしまう。

本もファンタジーではあるが、ハイテクを駆使した機械によるバーチャル・リアリティは、逼迫して迫る時間にもまれ、視覚や聴覚に直に訴える強いインパクトなど、没入感は本の比ではない。ひとかけらの想像力も許されない機械アヘンによって、踊り狂わされるだけである。文字の電子ブックは、ゲームへのアンチテーゼである。

立ち返る現実や肉体を失うまでの本は、同時にことばも失ってしまう。ひたすら感覚だけの奇妙な饗宴である。

第20章　現在までの電子ブック

　すでに書いたように、二十一世紀になって少したったある年、かつて知的といわれた全国紙がこの年を「電子ブック元年」になるかもしれないと予測した。「ある年」というのは、二回ばかりあったが、新聞の予測は大概はずれるから、年号はどうでもいい。

　予測の根拠は、「本屋にほとんど行かない若い女性」向きの小説などを携帯電話で配信するサイトが増加したことを指す。事実、彼女らは携帯電話でそうしたコミックスやライトノベルを小さなディスプレーで読んでいる。

　若い人でなくても、ダウンロードした小説を睡眠まえのベッドで読む女性がいる。ビジネスに関するノウハウ本やその日の要約した新聞記事を通勤電車で読む男性もいる。あまったわずかの時間を使って、本より手間やお金をかけず、はるかに楽に娯楽や情報を得ているのである。

　こうした動きは、携帯電話のメガキャリアが顧客を囲い込むため、新たな企画、安易な企画を次々と打ち出しているせいである。出版社や新聞社などのコンテンツ・メーカーは、自社刊行物の売上増につながり、ユーザーの側は、書店へ足を運ばずに安い本が入手できる恩恵にあずかっている。

過去のデータが示すように、二〇〇六年の電子書籍市場は一八二億円に達し、対前年度比でいえば一九四％増になっている。主力商品は電子書籍の一一二億円で、対前年度比が二四三％に達する。コミック本は、八二億円の第二位を占めている。いずれもコンピュータよりケータイ電話での利用量が大きい。

新聞がわざわざ元年というのは、たとえばパーソナル・コンピュータに比較して多数の若年層携帯電話ユーザーが対象になるだけに、販売量が飛躍的に伸びる予測ができるからだろう。すでに日本の携帯電話普及は、ひとり一台のレベルに到達したし、既存の本や新聞やコミック誌を買う若者は減少の一方である。

実際に読んでみると、本を読むためのソフト（ビュワー）をダウンロードし、目的の本を探すなど、かなりわずらわしい。表示画面の小ささにも、読書をする意欲がそがれてしまう。本の価格は実物の半額程度だが、やはり若者向けのコミックスやライトノベルなど、娯楽にかたよった作品が多い。

すでに書いたように、詩人リルケが語った「昼寝や一服の煙草のような楽しみ」であり、読書の動機は、刊行された電子ブックの全体像が見えにくいから、口コミ（チャット）やフォーラムの噂をキャッチし、作品のダウンロードに走る。ときどきの流行に飛びつき、いったんその騒ぎが過ぎると、もう誰も見向かない。

じっくり読み込む大人向きの本もあるが、画面の小さなサイズがどうしてもネックになる。

本格的な作品が本のすべてではないにしても、せめて両方の読者に満足感がないと、万全な電子ブック元年とはいえない。その意味では、かなり片手落ちの元年である。

電子ブック元年の片手落ちは、別の面からもいえる。

コンピュータによる新種の本、本の代理人である仮想空間のテキスト、マルチメディアという本、インターネットによる情報氾濫、仮想の限界であるビデオゲームが、まえに書いたようなそれぞれの限界を抱え込んでいるとすれば、あらためて古い本に立ち返ろうとしないはずがない。

ゲームなんかやめて本を読みなさい、コンピュータにかじりついてばかりでは身体に毒よ、いつまでもメールしてるんじゃないの……といったおとなが指示する避難場所は、たいがい本である。ハイテク時代の救世主は、ここでは当然のように古色蒼然の本である。

出版業界はパーソナル・コンピュータの登場に応じて、早くからその路線をたどり、古い活字本への回帰、より正確にいえば再利用を始めていた。本の電子化は、携帯電話以前に始まっていたのだ。

一九九〇年初頭、すでに触れたアメリカ、ボイジャー社の「エクスパンド・ブック」がそうだった（第16章）。それを日本語版として導入したボイジャー・ジャパンの電子ブックもそうだった。それらに先立つ欧米の文学作品をデジタル化したグーテンベルク・プロジェクトも、ボランティアによる日本の「青空文庫」もそうだった。

そうした試みのごく一部が、改めて携帯電話で入手し、小さな画面で読む電子ブックとして再登場したのである。この経過からすれば、テキスト中心の本に立ち返るケータイ向き電子ブックは、いまさら「電子ブック元年」といった動きではない。普及した携帯電話で簡単にダウンロードし、暇つぶしに読むという点だけが、目新しいだけである。

もともと出版社が旧来の本に立ち返るやり方は、デジタル化が世のメガトレンドといっても、どこか安易な態度に見えていた。電子技術が人々の生活にフィールドを広げたから、販路を広げる手段として電子の力へ便乗する印象が強い。背景には、依然として紙の本が売れないこと、広告のような副次収入が減少したことへの対策が控えている。

同じ印象は、九〇年代初頭に本格化した最初の本の電子化にもまといついていた。電子本は、製作段階で紙などの資材を使わない。印刷機械も不要。流通段階で本屋まで配本する流通コストもない。生産・流通コストが一挙に減少するから、定価の半額で売っても十分儲けが出るという皮算用が成り立った。

本への回帰といっても、既存の紙の本、つまり古いコンテンツの資産を使いまわす、どこか安易な考えがひそんでいた。よく出版業界で新装版という表装だけ着せ替えた本があったのと同じで、見かけを変えて売るアンフェアさも見える。

皮算用にしろ、安く売れるにしろ、出版社は当の古い紙の本が置かれた状況にあまり目を馳せなかった。大量生産された本は市場にあふれ、書店は活気に満ちているかに見える。その裏では最悪六〇%〜八〇%の返品率。新刊廉価本屋では百円、アマゾンの古本マーケットでは一円の価格が大手を振っている。古い本のデジタル化で定価半額さえ成り立ちそうにはない。電子ブックは、まさに過剰生産、消費激減の間に挟まれた出版業界の象徴であった。

もしその試みが成功していれば、いまのような閉塞状況に陥るはずがない。今日まで抜け道が見出せなかった電子ブックの欠点などを踏まえて、ここでは既存の電子ブックの実際を整理しておこう。

電子ブック元年に先行し、いまもつづいているパーソナル・コンピュータやPDAや携帯電話で読む電子本は、基本的に以下の三つのファイル形式で配布される。読んでみると、「電子ブック元年」というのは、いまさら始まったのではないのがよくわかる。従来の電子ブックに詳しい人は、以下を飛ばして、「おわりに」に移っていただきたい。

第一は、エクスパンド・ブックのファイル。

前出のボイジャー・ジャパンが独自に開発した明朝系のフォント、縦書き表示、ルビや記号も原典に忠実に再現されて、きわめて本の紙面に近い電子ブックである。

通常はパーソナル・コンピュータによって読むことが多い。無料のビュワーソフト（「T-Time」）をインストールし、電子ブック自体は、特定の出版社や「青空文庫」のような電子図書館で入手する。この文庫はボランティアで運営され、著作権の切れた相当数の日本語文学作品を無料で配布している。

長い年月をかけて取り組んできたボイジャー・ジャパンだけに、独自の日本語書体、日本独特の縦組みから、紙を思わす画面やしおりまで、細かな工夫が施されている。おもに近代日本の小説などが特定の出版社（有料）や青空文庫（無料）から提供されて、文学好きにはわざわざ紙の本を買わなくてもすまされる。

ただ、読者の側からいえば、どの作品でもいつも同じような紙面を見る羽目になって、変化に乏しく、そのわりに読書に先立ってビュワーソフトや本を入手する億劫さもある。

また、デジタル化に必要な校閲などの作業が、一筋縄でいきにくい。万一、原文を損なうような不備が混じりこむと、本として不完全なものになり、読者の信用を失ってしまう。青空文庫はずっと個人のボランティアに支えられているが、いつまでそれが通用するかどうか。とりわけテキストとしての信頼性が保てるかどうか。

第二は、写真データのファイル。

これはすでに出版されている書籍の各ページをそっくり写真版にして、画像データとして配布する。平凡社の「東洋文庫」や岩波書店の「岩波文庫」などの硬派の本から、若い読者向きのライトノベルやコミックスまで幅広く発行され、指定のビュワーソフトで読むことができる。

ありがたいのは、すでに絶版となり、在庫切れになった書籍を定価の半額程度で簡単に入手でき、パーソナル・コンピュータや携帯電話などで読めることである。さらに入手困難な古い古典の写本や木版本を読みたい人には、原本の写真版電子ブックは貴重な存在だろう。

難点は、写真版の画面上に元になった本のページが時間の経過などでかすれたり、滲んだり、つぶれたりしたまま再現され、パーソナル・コンピュータのディスプレーでさえ判読しにくいものがある。データの容量がほかの電子ブックにくらべてはるかに多く、重いのも欠点である。

エクスパンド・ブックのファイルも、写真版に変換して読むことができる。ＰＤＡ、ＰＳＰ、iPod、携帯電話、デジタルカメラなど、ディスプレーがある機器ならどれでも一画面ごとに読める仕組みになっている。ただしどの画面も小さいため、読みにくいのは携帯電話と似ている。

逆に原版から忠実に再現したもの、新たに描かれたコミックの写真版に関しては、意外に写真版の威力を発揮して、悪い紙の漫画本より読みやすい。特に画面が大きめのパーソナル・コンピュータのレベルで見ると、ページが本より鮮明に見えて、もう漫画文庫版や漫画雑誌は読む気がしなくなる。

第三は、ＨＴＭＬファイルである。

このファイル形式はインターネットの標準形式だから、通常、パーソナル・コンピュータで使っているインターネット・ブラウザで簡単に表示することができる。ただし、日本語独特のルビやくりかえし記号や旧字などは表記されず、文字もほとんどが横組みだから、正確な日本語の本の再現にはなっていない。

縦組みができにくいことは、原作の表現が不完全になり、読書の興はほとんど殺がれてしまう。ただし欧文のように横書き表記で、多様なフォントが用意されている場合は、紙の本とくらべて読みにくさも味気なさもない。

写真や図版を加え、書籍内での連結（リンク）機能を持たせないのなら、テキスト形式で十分で、ＨＴＭＬファイルにするまでもない。

第四は、テキスト形式のファイル。

コンピュータの書式として一番普及しているから、特別なソフトを入れなくても、このファイルは表示できる。ただルビや記号や旧字などが本と同じように表示されず、中途半端な本という印象をまぬかれない。欧文に関しては、まったく問題がない。

難点があるとすれば、テキスト形式があまりに一般化して、だれでも扱えるため、原典自体が安定性に欠ける点である。読書している最中、何かの拍子に文字を消したり、ことばの配列をうっかり移動させたりすると、原文に復元する手間がかかる。それだけ紙の本にある固定性が欠けている。

テキスト形式はパーソナル・コンピュータ以外のＰＤＡでも、機種によって用意されているビュワーで簡単に再現でき、縦組みの表記もできる。ただし、ＰＤＡによって搭載されているフォントが限られているために、場合によっては自分の気に入らない粗雑な文字でもがまんしなければならない。

こうした多くの電子ブックは、電気機器メーカー、既存出版社、印刷会社などが中心になって、かなりばらばらに配布されているが、そのほかにも公共の図書館、大学の図書館などが提供している珍しい本の写真版などが相当数ある。図書館に行っても閲覧できない貴重な本などが、写真版で入手できる。

第五は、ＰＤＦ（Portable Document Format）。同じようにＰＤＦ化した論文なども、相当数が無料で公開されている。これはアメリカのアドビ（Adobe）社が独自に開発した書式だが、現在ではきわめて汎用性の高い、国際標準に近くなっている。だからこれらも立派な電子ブックといってよい。

ＰＤＦの多くは、まずテキストや写真や図版を組み合わせ、ワープロソフトやＤＴＰ（デスクトップ・パブリッシング）ソフトで本や雑誌のような紙面をデザインする。その上でアドビ社の特殊なソフトを使って、ＰＤＦに機械的に変換すればいい。ワープロやＤＴＰソフトから、機動的にＰＤＦに変換できるものもある。

写真版よりはるかにファイルの容量が少ないため、コンピュータ通信で簡単にやり取りできること、デザインされた画面が雑誌や書籍の紙面そっくりにレイアウトできるなど、図版や写真を多用する論文や出版物には向いている。

旧字・旧仮名遣いの日本語で書かれた古典的作品なども、ＰＤＦ化したファイルが、たとえば大学などの労力によって、無料で配布されている。木版などで印刷した古い時代の貴重な原典が直に読めるのは、電子ブックならではであろう。

さて、こうした過去の文字を主体とした電子ブックは、ひとまず成功している場合とそうでない場合とがある。今回、新たに問題になる電子ブックでは、何に注意して取り組めばいいのか。あまりに錯綜しているコンテンツのファイル形式（フォーマット）も含めて、検討する必要があろう。

すでに述べた分類でいえば、よく読まれる文字は、「感情刺激系」「情報伝達系」「偽予言書系」としての文字である。「勝間和代の目つきになるくらいなら、アタマ悪くっていいわ」「太郎作や、もう三日も雨が降りよるの」「あの奥さんがいるかぎり、菅総理は安泰だっぺ」といった文字は、短い文章でいくらでも読み書きできるが、わざわざ読むほどの価値は少ない。

マイケル・クライトンが書いたように、考えることと一緒に捨てたことばとちがい、何も考えないでいいことばである。逆に目を凝らし、時間をかけて読む価値のあることばは、インターネットや携帯電話のディスプレーからすでに除外されつつある。

読む価値のある文字とは、「思考能力系」「知的生産系」「表現能力系」を伴ったものである。いまさらいうまでもないが、さまざまに考えを巡らせ、新たな知や想像の結果に到達し、しかもことばを吟味して最適の表現に仕上げた文字の連なりである。

新たな知や想像というのは、それまで個人が知らなかった知識も一部含まれるが、多くの場合は、未踏の地を拓くのに似た、驚きやわななきや歓びを伴う経験である。

ごく日常的な生活の中で飛び交い、そのつど消えていく泡のようなことばは、以前から情報化社会と呼ぶように、あらゆるメディアから無責任に垂れ流されることばでもある。たとえば広告のことばが代表的だろう。まるで放射能雨がやまない地球で、宇宙コロニーへの楽しい観光旅行をしゃべりつづける電飾広告塔の美女が口にすることばに似てさえいる。

もし紙の本の文字が読書の集中力を継続させ、おしゃべりや思いつきとちがうことばを人々の脳裏に浸みこませるとすれば、コンピュータ・ディスプレー上の電子ブック文字は、根本的にふさわしくない場所に置かれたということになる。アイパッドは電子ブック・リーダーとして、重要な欠点を抱え込んでいるのではないか。

電子インクの方は擬似の紙と活字を再現しようとしただけで、たしかに既視感に救われるが、暗転が入り、スクロールできないといった欠陥を残している。一方、LEDバックライトを採用したアイパッドのディスプレーは、むしろ電子ブックの文字に不向きとさえいえるのではないか。

電子ブック・リーダーとしてのアイパッドは、文字量の多い文章を紙の本のように読むことができるのだろうか。結果は、思わぬ方向へ導かれてしまった。

■おわりに――紙の本が消えるまえに

数学者ノーバート・ウィナーは、一般人向けに書いた『人間機械論』（一九五〇年）で、以下のようなことを語っていた。

自動ピアノを買ったアメリカの技術者の逸話で、はじめはプログラムされたＩＣによって自動的に鍵盤が動き、勝手に曲を弾くピアノを珍しがり、熱心に耳を傾ける。ところが数週間たつと、彼の興味は音楽から離れ、自動ピアノのメカニズムに向かい、ノウハウを探求しようとする。

プログラムされた音楽を幾度も聴くと、人が弾く音とちがって何かが欠けているのに気付くが、そのせいではない。どうして自動ピアノが可能なのか、その技術的仕組み（ノウハウ）に気を引かれ、音楽そのものはどこかへ消し飛んでしまう。

自動ピアノのノウホワット（Know What）、何のために自動ピアノが作られたかを問おうとはしない。ましてその音楽がつまらない理由など考えもしない。

技術が作り出したメカニズムより、機械の目的が何かを考え、機械が生み出す結果を真剣に見直すことがあっていいのに、アメリカ人の科学技術はいつもメカニズムに熱中し、機械の仕組みがもたらす結果の良し悪しはそっちのけである。

ピアノとコンピュータとプログラムで演奏された音楽が、人間が楽器で弾く創造的な音楽と本質的に異なるのは、アイパッドでアイブック（iBook）を読むのと、紙と文字だけの本を読むちがいに似たところがある。

すでに述べたように、アイブックは文字中心であっても、多くはイラストや写真やアニメを伴い、コンピュータで動く電子ブックになりがちである。文字自体もディスプレーの性質上、短く、やさしい文体が増えるだろう。まして古典になったような古い文字や語法や文体は、敬遠され、多くが略字、現代仮名遣いで表記されるにちがいない。

かつての紙の本の内容や形態は、ここでは殺され、消えてしまう。

自動ピアノの音楽のように、単純化、プログラム化、画一化された電子本が主体になり、くわえてこれもいくどか書いたように、電子ブックの内容はエンターテインメントや簡単な告知の領域に偏りがちになる。キャバレーの片隅で鳴っている自動ピアノのように、気を紛らせる飾り物であり、開店や休日を知らせる張り紙程度のものになる。

コンピュータという機械が「考える葦」ではないように、プログラムされた機械に左右される読者は、自分の意志で文字に集中し、文字を読みながら考え、感じる想像と創造の現場から次第に遠ざかっていく。

一方、紙の本の電子ブック化には、結果として、出版社自身が電子ブックに期待を抱いた出版ビジネスの合理化やコストダウンや売上増があったのではないか。表向きは本が売れなくなった理由が引き金になったとしても、思い直せば、この方法こそ出版社にとってのビジネスを合理化し、コスト削減に導いてくれる。あわよくばアメリカのように電子ブックが売り上げに貢献してくれる。

そういえば、出版社からも編集者からも、紙の本に反対という声はかつて一度も聞かなかった。合理化のために何がなにでもコンピュータ（電子ブック）を導入しろと、組合が騒いだわけでもない。機械への移行に期待したのは、本が売れなくなり、雑誌の広告費が稼げなくなった不況を回避するためである。

不況は本自体の欠陥、文字と紙と製本に原因があったのではない。本や雑誌に責任があったとすれば、文字で書かれた内容（コンテンツ）ではなかったか。自動ピアノの音楽のように、すぐ聴き飽きる創造性の少ない内容が量産され、宣伝されたからではないか。

時代の先端を行くハイテクに乗り換えれば、何か悪い状況を救ってくれる期待があったとすれば、電子ブックは十分その期待に応えるとは限らないのである。

仮りにエンターテインメントを中心とした電子ブックが好評裏に売れたとしても、紙の単行本や文庫本の売り上げは逆比例で減少する。電子ブックの定価は紙の本より安く設定され、入手も簡単だからである。

わたしの印象では、コンピュータに依存する電子ブックへの移行は、「強欲」と「機械」が表裏一体になった状況に少しばかり似て見える。

一九八〇年代、コンピュータやネットワークが率先して導入されたアメリカ金融資本は、高速のコンピュータとネットワークを手段に、強欲をモチベーションにして投機に走った。八〇年代初頭にマンハッタンにいたわたしは、その様子を肌身に感じていた。

強欲と機械は、一九八七年のブラック・マンデーを経て、九〇年代の狂乱投機に突入する。

九七年には、金融デリバリー商品を対象に数学的テクニックで貢献をはたした人物が、ノーベル賞さえもらっている。リスクヘッジをコンピュータで理論化するプログラムが、その足取りにドライブをかけた。

そのあげく、二〇〇八年のサブプライム・モーゲージ問題へ突き進み、財政の国家的破綻に結びついていく。リーマン・ブラザーズ、ゴールドマン・サックス、シティバンク等々、まだ記憶を去らないインヴェストメント・バンクの崩壊、もの作りを忘れた基幹産業の失墜をもたらした。

産業規模の小さい出版を持ち出すには、あまりに酷な比較だが、仮りに強欲などなかったとしても、どこかに心の緩みとして本を作る上での「敬虔」を置き去りにしなかったか。つねにベストセラー、大量販売という投機が表にせり出し、背後に産業廃棄物のような新刊古書を吐き出していなかったか。

出版が莫大な利益を産み出すビジネスと期待をかけつづけるには、既存の本や雑誌のあり方に拘泥せず、本や雑誌の外観もコンテンツを一変させるか、意想外の付加価値を持たせる必要がある。

もしその作業をコンピュータとの連動で進めるとしたら、いくら斬新で複雑なコンテンツを企画しても、すでにはるか先を行くビデオ・ゲームを追い越すわけにはいかない。それにプラットフォームがアイパッドでは、力不足は否めない。

電子ブックとしての付加価値は、本書でいくども検討した。リンクによる多元化、文字と3

D映像によるゲーム化、コンピュータならではのオーグメンテーション機能、作家と他ジャンルのアーティストを組み合わせたコラボレーション、ハイパー・カードのような単純なカード形式のリンク本など意想外の展開ができる。

これらの試みは、アイパッドに搭載された機能を生かし、独自にアプリやアイブックを制作する方向をたどってもいい。ジャンルがまったくちがうプログラマなどとの協力を得て、ゲーム構想が可能になるヒントが、かつての本の中にはたくさんあふれている。

紙と文字という二次元は、コンピュータならではの機能を生かし、多次元化、多レイヤー化による展開が可能である。

キンドルやソニー・リーダーの文字に特化した単一機能電子ブック・リーダーの場合、アイパッドのようなさまざまな試みは許されない。しかし文字が中心になる従来の本がたやすく入手でき、携帯も保存も価格も紙より有利であるから、紙の本の代替品として利用する利点がある。落ち着いて文字に集中することができるから、紙の本同様に思考を重ね、感覚を沸き立たせる利点も残っている。

ただし英語版の本は別にして、日本の出版社が紙の本の代替品を販売するとき、既刊本あるいは新刊本のタイトル全点を電子ブックに移行しないだろう。定価も意外に抑えることをしないかもしれない。いくども書いたように、コミック、ジュヴナイル、推理、怪奇、好色、時代小説に加え、ポピュラーで評価の定まったタイトルが電子化されるにしても、それ以外の分野の本の点数はそうとう限定される。

ベストセラーが好きとか、仕事に役立つとか、芥川賞などの評判が気になるとか、営業トークや座談に必要とか、悩みを解決してくれそうだとか、暇つぶしにいいとかといった本を中心に、その他の古典的な本、あるいは文字どおり古文の本は、短めの古典作品あるいは現代語訳どまりであろう。

電子ブックの表現力、たとえば文字の読みやすさ、判型の多様性などは、紙の本ほど万全でないため、電子ブック化の進捗や品揃え次第では、逆比例現象で改めて紙の本が注目を浴びることになる。電子ブックになりにくい本は、紙の本のまま重版される可能性が高い。ただし部数に制限を設けて、価格だけはしっかり高値どまりにするだろう。高値に値する価値が、紙の本には内包されているからである。

電子ブック化より重版や新装版や限定版の方が、出版社のビジネスには有利だから、本によっては、電子化を見送る事態も起きる可能性が高い。逆に高値で売れないとなると、さらにやみくもに電子化へひた走ることも想定される。

いずれどこかの段階で、電子ブック化への反流として、紙の本への回帰がかならず起きるのである。この結論は、しっかり脳裏に納めておきたい。

電子ブックの黒船で出版社や本が変わる、紙の本が消えると大騒ぎしたわりには、電子と紙の二元方式が継続していく程度の変化しか起きないのは十分予想できる。

以下、すでに語った紙ならではのメリットを別の視点でまとめておくので、改めて紙と文字だけの本を再評価してみていただきたい。

まず紙に印刷された文字は、脳の知的な機能によって、思考を展開し、新たな知的構築を行うことができる。また読者の脳裏で、想像力によってさまざまな映像を描き、サウンドを奏でることができる。

読者に委ねられる自由度が高く、与えられた画像よりももっと幅広く、濃密な映像として脳裏に再現される魅力が、文字だけによる読書の大きな特徴である。基本的に人の想像力は経験に根ざしているが、脳に蓄えられた記憶だけからの想像ではなく、潜在する意識の中からも生まれる感覚や経験がある。

喩えとして近いのは、文字は五線紙上の音譜に似て、読者や演奏者によってそれぞれ自由に音を奏でることができる。あるいは絵の具の色や筆の種類に似て、画家の好きなように色調を選び、形を描くことができる。

自分の五感に記憶がまったくない、経験したことがない事象はどうだろうか？　架空の自然や冒険を再体験するのではない。脳内に蓄積されたおびただしい記憶を呼び覚まし、掘り起こして、それに基づく思考や感覚をことばとともに展開して味わう。

顕在する記憶の量はそれほど多くないにしても、意識下に潜在する個人の、民族の、アジアの、人類の記憶は、計り知れないものがある。それらはひらめきや思いつきや天啓のように脳の中に甦り、心理学者ユングが解明した人類のアーカイックな記憶にまでさかのぼる。

いくらコンピュータによるデジタル・メディアが隆盛を極めても、その中で紙の本が高貴なマイノリティとして生きつづけるのは、そうした力のせいである。

ことばが消える貴種流離が決定的になるのは、人類が滅び、ことばを持たない生き物の時代にちがいない。ちょうど本の消滅を語ったSFの予言のように（第11章）、変わり果てた異形の人類が生きる時代に似ているだろう。

それほど広範囲な記憶、感性や思考、知的創造と感覚的想像の起爆力になる文字群は、紙に印刷した旧式の本として、わずかでもいいから身の回りに置くべきだろう。小さな本箱の数十冊でいいし、部屋の壁面全体に広がる書棚でもいい。

人はその箱や棚を身近に置き、背文字をときおり見るだけで、記憶が呼び覚まされ、思考が透徹し、感覚が飛躍する空間をわが身の周辺にまとうことになる。

本の愛好家は誰でもよく知っているが、自分の読んだ本が少なくとも背文字を人の側に向け、表題がいつも自分の目に見えるようになっていない場合、その本はこの世に存在しないに等しくなる。外観と表題は、目を瞑っていても記憶に残り、常時、持ち主にいろんな作用をもたらしてくれる。

人類が歴史を刻むように読んできた本が、振り返らなくてもそこにあることの充実感、記憶のアルバムを見返すより鮮明な自分の軌跡がすぐそばにある確かさ、不確かな未来図を描くための有益なヒントなどが、誰よりも信頼できる友人のように控えている。

考えることを捨て、気休めや時間つぶしに走る多くの人々にとってはなおさらである。

本の群れは、はるばると世界を旅し、やがて帰り着く狭いカンディードの庭、見知らぬ魔境のカリグラフ、高塔のはるか上空に輝く星辰である。古式の本に刻まれた文字は、それほど時空を超えた、微細にして壮大な世界を繰り広げている。

残念ながら、デジタル化した電子ブックとリーダーは、そんな物理的質感を欠き、読書という痕跡を刻まず、無機質なプラスチックやガラスや金属そのままに、硬く冷たい工業品の手触りしか残さない。

図書館のような施設でない限り、大概の紙の本は、購入した人の生涯とともに生きる。自分の書棚を他人に見られるのがどこか面はゆいのは、そこに所有者の内面が写されているからである。だから多くの本は、所有者が亡くなると、ばらばらに散っていく。

本は世代を超えてまで、所有者の手元に生き延びようとはしない。その方がともに生きた本と人間にふさわしいし、それほどひとりの人間と本の結びつきは深く、濃密である。

逆に個人の電子ブックと同リーダーが、一冊の紙の本ほど永々と生きることはないだろう。機械に依存した本は、機械とともに浮沈の波間をさ迷い、ずっと人の一生に併走するほど生き延びる力はない。技術の改良と機械の世代交代は速く、寿命は往々にして短いのである。

堅牢で無限のように思える機械だが、紙の本に匹敵する長さほど、際限なく変わらずにいることはない。コンピュータという機械を使い始めた途端に、いつまでもハードウエアの更新や不具合やプログラムのヴァージョン・アップに追われることになる。

ソニーやアマゾンの単純なリーダーは、ちょっとした新技術が生まれるたびに、機械として極端な変化を見せる。たとえば電子ペーパーのディスプレーなど、かならずカラー化などの変化を重ねる。そのつど読者はリーダーを変更させられる。アップル製品にくらべて、まだまだ完成度の低い製品だけに、いつどうなるか予測さえできない。

ましてアメリカ一国のわずか数社の私企業が中心になる現況では、基本構造はわずか二、三種類しかない電子ブック・リーダーからすれば、その生命は紙の本の歴史にくらべるのさえおぞましいほど短命か、電子ブックのデータ変更、機器のアーキテクチャやスペックの変更などに出費を強要されつづける。

とすれば電子ブックを選択し、将来の本として決め付ける方向は、どこか危うさがある。五百年の実績を持つ紙をすべて消し去り、機械一辺倒になる必要はなく、両者が併走するのが歴史の教訓であり、必然である。

いや、紙の本の併走、高貴なマイノリティとしての継承があって初めて、電子ブックならではの危機や弊害が回避されていくと考えるべきである。

電子ブック化に伴って起きる最後の問題は、本の著者、編集者、出版者の相関関係である。本来この三者は互いに補完し合いながら、紙の本の制作に携わってきた。どれひとりを欠いても本は出版できないし、それぞれが能力を最大限に発揮したとき、すぐれた内容と市場価値を持つ本が生まれた。

もちろんこのいい方は、かなり公式的である。三者の間に立場上の意見のちがいもあり、互いの確執がたびたびくりかえされている、というのが正確だろう。だが、電子ブックの時代になると、著者がいれば、あとは電子ブック・リーダーとそのメーカーだけで本が出版できる。編集者や出版社、ついでに取次店、書店がなくても販売までこぎつけられる。

かつて本作りの流れを支えた編集・制作の出版社、用紙・印刷・製本の関連専門業者、取次店・書店の流通販売業者のすべてがなくても、本は読者の手もとに届く。これほど革新的な業界再編、生産・流通のシステム革命はそうそういつも起きるものではない。

だからこそ中間業者の「中抜き」と呼ばれ、過去の伝統的業者にとって電子ブックは敬遠されるか、中途半端な取り組みしかされなかった。アンシャン・レジームの常で、対抗勢力として生き延びる道を模索するが、コンピュータのような強力な武器によっては根こそぎ切り崩される。機械や電子機器とは、つねにそうした変化をもたらしてきた。

一方の購読者側は、改革によって本の価格が安くなるので歓迎していいが、全面的に賛成といいきれないところがある。最大の理由は、著者と電子ブックの販売業者、たとえばアマゾンやアップルに本の内容品質を確保・維持できる能力があるか、読むに値する上質の本を読者が適切に選べるだろうかという疑問である。

この問題は、従来なら出版社や編集者の実績から暗黙裡に解決できた。著者が無名でも、あの出版社から出ているならきっといい本だろうと読者は評価した。一種のブランド力だが、逆にいえば、新興の出版社がときに優れた本を出した場合、読者は内容を評価するチャンスに恵まれないことになる。

ところが無名の執筆者にとって、既存の伝統ある出版社や編集者は、自分の才能を潰す悪役と思われることも少なくなかった。彼らにとって無関係な出版社や編集者に原稿を見てもらう機会はほぼありえない。幸運に目を通してもらえても、高い評価を受けることは皆無に近い。

かつて小さな出版社の編集者であったわたしの経験でも、世評や言動とは裏腹に出版社や編集者はそうとう保守的、というのが印象だった。それが不適切なら、堅実派だった。出版する新刊も、社会的なステータスの高い人、たとえば有名大学の先生とか、すでに出版物で実績を持つ人、あるいは知名度のある賞の受賞者、高名な作家や研究者の紹介する人などが出版のチャンスに恵まれていた。

時代を先導するはずの出版社は、前衛であろうとしたことが少なかった。

日本の多くの出版社には、みずから企画を考え、無名の執筆者を探し、その原稿を吟味し、選別する専門のリスト・ビルダーがきわめて少ない。原稿の良否を判別するスタッフを外部ないし契約社員に擁する程度である。大手出版社になればなるほど、編集者が独自に考え抜いた本を企画し、作者を取捨選択し、社内の上層部に積極的に主張する事例は稀なのである。

コピー・エディターとして文章の巧拙などについて評価やアドバイスはするが、本としての存在価値を根本的に問うことは少ない。無名の新人なんて、もともと簡単に原稿が採用され、売れる世界ではない。編集者としては下手な冒険などする意味がないし、断った方がはるかに正しい答えになりがちだからである。読者だって自分で読む本を選ぶとき、出版社と同じようにステータスや評判に左右され、自主的に選ぶことが少ない。

ところが無名な著者にしてみれば、良し悪しは別にして、自分の才能を見る目がないと出版社や編集者を恨むことになる。その挙句が自費で本を制作するか、自費がない人は泣き寝入りで終わる。自費出版を積極的に引き受け、勧める会社があったが、高額な制作費を請求するなど、悪質な業者が多かった。

だが、電子出版の時代はそんな面倒をかけずに、世の中に自分の本を出す門戸が大きく開け放たれる。二〇一〇年にWSJ紙がまとめた記事によると、電子ブックと同リーダーを発売する企業のほとんどが、自費の電子出版を積極的に展開している。

米国の書籍売り上げは、二〇一〇年には二九九億ドルだったが、電子書籍は三三億ドルになった。日本のある市場予測によると、電子書籍の売り上げは、二〇一五年までに二〇〇〇億円に届くと予想されている。アメリカ出版社協会の調査では、二〇一二年段階で書籍全体の成長が二〇%に対し、電子ブックが二五%の成長が見込まれるという。

そうした中でも「ヴァニティ・プレス」といわれる自費出版は、現在でも紙と電子合わせて毎月二万タイトルが発行され、紙の場合よりはるかに制作経費が抑えられるため、電子ブックによる自費出版増加の可能性が高い。

二〇一〇年段階で行われている自費出版での経費関係は、一部複数情報があるが、制作費作者負担で作られた電子ブックの場合、ほぼ横一線の売上金を作者に還付している。アマゾン、アップル、ソニー、バーンズ&ノーブル（全米最大の書籍小売店）が、売上高の七〇%を著作権料として支払う。

自費出版を受託する専門業者では、売上ネット金額から編集や表紙デザイン料などを引いた二〇%を作者に還元し、業者によっては、ソニー、アップル、バーンズ&ノーブルへの販売を引き受けたうえで、売上金の八五%を作者に還元している。

いずれの場合も、出版社で刊行し、普通に著作権料(印税)を受け取るケースにくらべ、著者にははるかに有利な条件である。もし作者の知名度で本が売れるなら、出版社を経由せずに電子本化したくなるはずである。

当然、日本の場合も出版不況の背景があって、自費出版による電子ブックの制作・販売が増化するだろう。大手出版社としては、ブランドとプライドがあるから、コスト安でも安易に自費出版へ走らないだろうが、群小出版社は一挙にその方向へ走る。電子ブック専門の自費出版業者が、雨後の竹の子のように名乗りをあげるだろう。

前記WSJ紙が掲載した以下のような記事は、作家志望の無名な人々に無謀な勇気さえ与えるだろう。四十九歳の女性カレン・マクエスチョンは、ここ十年間近く、ニューヨークの出版社に売り込みをくりかえしたが、いっさい問題にされなかった。キンドルの電子書籍にして販売すると、三万六〇〇〇部も売れ、映画プロデューサーから映画化の話も持ちかけられた。それどころか、アマゾンは同女史の処女作をペーパーバック版でも発売するという。

もうひとつ、自費出版が日本人ゆえに有利になることを忘れてはいけない。わたしはアメリカ発の電子ブックを生かすもっともすぐれた方法は、日本語で書かれ、日本人だけを対象にした本を翻訳し、海外の読者に向けて出版することだと思う。その絶好のチャンスだと考えている。

一般の出版社だけでなく、自費出版でも可能で、これがアイパッドやキンドルの登場によって、かなり日本の出版を変えるのではないかと思っている。海外でのディストリビューションはいっさい問題ないし、残るのは海外で売れる内容の判断と翻訳だけである。国際化が進んだ現在、そのために役立つ人はいくらでも見つけられる。逆にそのための組織を作ってもいい。

アメリカにおける自費出版（ヴァニティ・プレス）を含めた販売量は、人口の多い点で即座には日本の参考にはならない。上記女性の自費出版が三万六〇〇〇部売れたといっても、市場規模のちがいから、日本で自費の電子ブックがそれほど上手くいくと保証はできない。

日本の読者の性癖として、世評が高いとか、話題になったとかのように、外からの影響で読む本を選んだり、購入したりする。みずから必要に迫られて選択し、みずから率先して本を読むことがあまりない。それにアメリカ人は、本の内容は別にして、予想外に本好きで読書家である。

作者と出版社の関係は、無名の作家による自費出版の場合、出版社側にはほとんど問題はない。が、プロの作家として既存の出版社で本を出していた人と出版社の間には、電子ブック時代ならではの問題が発生してくる。

つまり職業作家による一種の自費出版が起きるからである。

先述した「中抜き」が、あろうことか、当然、出版社不要論として浮上する。プロの作家たちにとって、出版社がなくても自作本を市場に出せる、その方が受け取る著作権料もはるかに高いとなれば、出版社抜きを考えてもふしぎはない。プロ作家による商業的自費出版である。

事実アメリカでも日本でも、現役の作家たちによる電子ブックの出版が、電子ブック・リーダー発売と同時に起きている。二〇一〇年に亡くなった直後の高名な作家アップダイクの全作品が、時をおかず電子ブック化され、推理作家のスティーヴン・キングがキンドルで自作を単独販売している。

著名なビジネス作家スティーヴン・コービーは、ベストセラー二種類の電子書籍を一年間独占的に販売する権利をアマゾンに与えた。同氏は、過去に発売されたベストセラーのうち、根強い人気を持ち、出版社に毎年安定した収入をもたらす既刊書の電子書籍化を進めている。

遅ればせの日本でもアイパッド発売に合わせて、京極夏彦の最新刊『死ねばいいのに』の電子版が単行本発行と同時に発売され、村上龍の最新の長編小説『歌うクジラ』は、音楽や映像の付いたいかにもアイパッド用らしい電子ブックとして作者の手で刊行された。彼の場合はみずから出版社を設立し、既存の出版社を完璧に「中抜き」にしている。

村上が持つ自分のTV番組で、講談社の社長と対話し、自分は編集者にお世話になったことがないと断言していた。まあ、堂々と中抜き宣言を行った数少ない作家である。

こうした先例が成功裏に終われば、着々と作家自身による電子書籍の発行が企画されていくだろう。

出版社抜きの出版形態は、まだほかにもある。たとえば二〇〇九年にアマゾンが始めた「アマゾン・アンコール」(Amazon Encore) のようなケースである。世に多い自費出版の中から特定の作品を選び、印刷本にして同社の通販や書店で販売する。自費の電子ブックから逆に紙の本になるケースも可能性が少なくない。

たしかに出版社抜きの電子ブックがいち早く動き始めているが、ごく近い将来、その傾向は一挙に加速するだろうか。電子書籍を巡って既存の出版社と作者たちの確執が広がり、問題化するのだろうか。

結論からいえば、しばらくは既存の出版社による紙の本と電子ブックの並存がつづくだろう。電子ブック登場時には大騒ぎをしたにもかかわらず、雪崩れるように電子メディアへ移行することは起きそうにないのだ。

理由のひとつは、既存の作者にとって出版社あるいは編集者（校正スタッフを含めて）の存在が決して小さくないからである。大手の出版社では、作者の担当編集者が割り振られ、いろんな点で作者を支えている。原稿の表現に目配りしたり、企画について適切な判断や提言をしたり、ひとりの人間なら犯しがちな誤謬を的確に訂正してくれる。

理由のもうひとつは、知識階級の人間と思われがちな物書きに似合わず、孤高無縁の独立を堅持する強い自立心は少ない。多くの日本人のように、馴れ合いや甘えの構造に浸って文筆活動を行っているケースもあるようだ。

したがって出版社という大樹から離れず付かず、かといって自由人を看板にしているから、電子ブックが流行しそうになれば、そちらへ靡いてしまう。

結論として、紙の本と電子ブックを特定の出版社から同時に発行する作者たちが、しばらくの間は平均的になりそうだ。

ジャンルはちがうが、スティーヴ・ジョブズの活動を資本主義に対抗するグラス・ルーツ(草の根)だと賛同した佐野元春のように、コンサートをアイフォーンで撮影し、インターネット上でのユーストリームで発信するように、インターネットを徹底して利用する文筆家は早急に出ない可能性が高い。

もし電子ブック、特にアイパッドでの電子ブックにこだわり、紙の本は出す意味がないと考える作者などがいるとすれば、発売までのすべてをひとりで取り仕切るには、きっと大きな困難がともなう。

電子ブックにこそ出版の意味があると考えるなら、その本が既存の出版社の本とちがう、どこか突出した表現方法を持たねばならない。

そのためには文字を書く作者にとって、コラボレーションができる別ジャンルの仲間が欠かせない。音楽であり、絵であり、映像であり、CGでありといったような文字以外の表現ができる協力者、あるいはデジタル技術に長けたプログラマやデザイナーのような技術者の仲間が不可欠になる。

前記したように、村上龍はTV番組で、自分は出版社や編集者に世話になったことはないと断言していた。この強い自立意識は、作家としての矜持か傲慢かはわからないが、みずから会社を持ち、協力者を得ている背景があるからだろう。

アイパッドの独特な電子ブックは、これまでたびたび書いてきたように、多種多様な機能を詰め込んだメタメディアの可能性が高いからである。

少しまえに書いた次のいい方は、もうちょっと補足したがいいだろうか。「ことばが消える貴種流離が決定的になるのは、人類が滅び、ことばを持たない生き物の時代にちがいない」。

この表現は、本の消滅を語るSF作家たちの予言と関係していた。あのとき書いたのは、本の消滅を描いたSF作家たちの物語がいずれもデストピアをテーマにしたため、一様に本が滅びるものとして描いたことだった。

作品の中で姿をとどめていた本は、かつて博物館と思われる壁から垂れ下がった茶褐色の布の朽ちた本、「古代館」と呼ばれた遺跡の一部屋に「赤やオレンジ色の装丁の遺物となった古本」、ビッグ・ブラザーズ独裁下の「真理省記録局」では、日々書き換えられる記録や白紙の本、専門の消防士に焼き払われてしまう本、いずれも滅びた本として登場していた。

作品の舞台がデストピアであるために、そうした表現になったのだろうが、改めて注目したいのは、滅びた本と対になって書かれていた人間や社会の姿である。

H・G・ウェルズの作品では、朽ち果てた本の周辺は、四、五歳程度の知能しかなく、ことばも極度に単純で、文章はたいてい二語からなっていた優雅な人類である。ザミャーチンの作品で遺物として残った本は、完全な国家管理下に置かれ、個人の自由が奪われた独裁体制下でのことだった。

ジョージ・オーウェルの作品では、人々の日常生活が双方向通信の「テレスクリーン」で監視され、個人の自由な思考、ことば、性本能まで、すべてが管理されているイデオロギー社会でのことだった。街の片隅でやっと見つけられたのは、白紙の本だった。レイ・ブラッドベリーの作品では、全体主義社会の官権が集めた本の山に火炎放射器の炎を浴びせる消防士。跡に残ったのは、焦げた黒い紙のおびただしい堆積だけだった。

　ここに登場するすでに消滅した本や否定された本の姿は、本が置かれた全体主義社会や独裁国家の為政者の意向でそうなったにちがいない。ザミャーチンの作品のように、かつてのソ連で現実にあった史実として、彼の書いた本は独裁者スターリンによって葬られ、本になったのは作者の死後だった。

　本を不要とする社会の恐ろしさは、だれでも想像できることだろう。ましてデストピアを描いた当然の帰結ではあるが、わたしが恐ろしいのは、SF作家たちの作品の中で滅びた本を取り囲む社会体制より、読者を含めた人間のありようである。

H・G・ウェルズが描いたのは、人類の楽園に生きる人々である。人々は背の低い優雅な肢体で果物を主食にし、庭には灌木や花々があふれている。彼らのことばは具象名詞と動詞だけですまされ、幼稚園児の知能しかない。彼らにとって本は無用な存在だった。

　ザミャーチンが描いた作品で過去の遺物として残る古本は、人々が生活する閉鎖システムの都市と城壁で隔たった外側の自然の中に追いやられている。外へ抜け出た人がたまさか過去の古い遺物として、本の外見を眺めるだけである。

　ジョージ・オーウェルによる独裁国家では、文字の使われる新聞、書籍、定期刊行物、パンフレット、ポスター、ちらしなどは、すべて国家の記録局で日々刻々と書き換えられ、虚構としての記録になって残されている。嘘の記録が真実として読まれるだけである。本を探し求めた人が見つけたのは、文字のない白紙の本だった。

レイ・ブラッドベリーの作品では、本を焼く消防士の目から隠し通した本が、一種の秘密結社に似た読書を必要とする人々によって読まれつづける。本のことばを暗記して、口頭でほかの人々へ伝える役割の人もいる。

本が不要になった人間は、自然の花や食物に囲まれて優雅に過ごし、その豊かさのために複雑なことばも文章も必要としない。彼らの生活ぶりは、栄華の果ての衰退の気配に満ち充ちている。作者は人の知性がたどった「労力のむなしさ」と書いているが、豊かさと平和を追い求める「はかない末路」には、本は不要のものとなって捨てられる。

旧ソ連のスターリン独裁国家が、作家や本を圧殺したことはくりかえさない。ザミャーチンはほんの一例にすぎない。作家だけではなく、わたしが最近読んだ偉大な植物学者ヴァヴィロフでさえ、暗殺されていた。今日でも共産主義の専制が、身近な中国や北朝鮮でも情報の公開を阻止し、ある種の本の存在を封じ込めている。本を読まない環境に満足している人々は、不自由な専制国家の維持に貢献する人々である。

一九五三年のアメリカ作家が描いた独裁国家で暗黙裡に許されたのは、「漫画本といかがわしい性の本」だった。近未来の作品ではあるが、ブラッドベリーが見通していたのは、その種の本が隆盛する社会の読者たちこそ、本来の本を捨てて、不自由な社会を招きかねない大衆ではなかったか。

本が滅びるのは、本の作者や読者である人間の変質に呼応している。為政者がそれを強要することが絡んだとしても、本を読まない人間が増加し、本を必要としない状態に陥れば、結果として健全な社会自体が独裁や滅びへ向けて加速する。

本の存在はそうした社会変化へのバロメータである。多くの若者が本を読まない今の状況は、何か大きな社会的変化や終末を予兆するできごとにちがいない。


二〇一〇年を嚆矢として、電子ブックの導入が、日本の出版や本の様態を新たな段階に押しやろうとしている。旧来の紙の本が電子の本に替わることで起きる本自体の変化がどのようになるか、すでにいろんな側面から語った。

総体的にいえば、何はさておき、読書環境に新しく登場した電子ブックのプラットフォームが、本の内容や読書のあり方を変える機器として現れたことである。エレクトロニクスに支配された機械的な偽装、サイバースペース独特の仮想が、過去五百年間つづいた本を一変させ、五感を刺激するエンターテインメントを主題にしつつある。

これらのほとんどは、コンピュータ技術を主軸にしたアメリカの一私企業数社によってのみもたらされた新たな本の設計思想である。しかもその表現は、サイバーカルチャーに親しむ読者たちを熱中させるほどの魅力に満ちている。

文字と紙の本を疎ましく感じ、文字の読み書きから離れ、映像やサウンドに傾き、簡略で短い文章しか認めない世代とあいまって、この機械が支配力を広げていくとき、日本は栄華の果ての知的な衰退の気配に満ち充ちるだろう。うその記録が書き重ねられ、政治哲学も外交思想の一片もない政府が国を治め、官権や資本の権勢によって、紙の本は焼き払われてしまう。

そんな国にならないという保証は、いまのところ、どこにも見当たらないのである。

■編集者の極私的な回想

自ら進んで編集者になったにもかかわらず、わたし自身は文章を書くことも本を読む体験も、貧困そのものだった。街を離れた片田舎、敗戦後の貧しい時代、雨のぬかるみ道を破れズックでとぼとぼ歩く幼年時代の貧しさ、悲しさは、いまでもまざまざと憶えている。

といって個人的にことさら貧しいわけではなかった。戦争と敗戦を余儀なくされた日本人のほとんどが、戦後になっても舐めさせられた辛酸であった。

村立で一学年一学級の小学校時代、貧しさの中で手にした本は、奇妙な組み合わせの『森の石松』『小公子』など、雑誌では「少年クラブ」連載の子供向きに書き換えられた横溝正史や江戸川乱歩、「小学一年生」以上の学年別学習雑誌だった。

少しばかり教育に熱心な両親であれば、本や雑誌を子供に買い与えるだろうが、貧しい田舎では、そうした親はきわめて少なかった。だが、その見返りのように、本にもまして知識や遊びや驚きをもたらす自然があふれていた。川や池や湖や海、田畑や山道や峠、樹木や果実や草花、種類は少なかった動物たちが、子供たちにとって雄弁な友達や先生だった。

だから中学時代になって『河童』や『猫』の読書会に参加しろと同級生に声をかけられたが、頭に浮かんだのは、田舎道の橋の下にあった淵と家のやせ猫だった。同じように自然と冒険が登場する『宝島』『十五少年漂流記』『マーチンの冒険』など、自然体験型の冒険小説が好きだった。

同じころ、図書室にあった本を、宮本百合子という女優みたいな名に引かれてのぞいた。同級生に同姓の美少女がいて、父親同士が知り合いだったから、自然、お互いの子供の話をしたのだろう、小さな町の駅で出会うと、にっこり笑いかけてきた。

そんな動機で読んだ小説の宮本さんは、名前と裏腹にさっぱり意味がわからない。高名らしい宮本百合子にこりたわたしは、芥川龍之介や夏目漱石さえろくに知ろうとしない情けない生徒だった。

同級生の誰も想像しなかったが、たぶん小説より理科の好きな無粋少年だった。理科室にある鉱物の標本に引かれ、標本壜に保存された元素に興味が傾いていた。油に放り込まれたナトリウム元素をナイフで切りとり、水に入れた時のすさまじい科学反応に驚かされた。マグネシウムの性質を知っていれば、もっとちがった爆発を体験できたろう。

元素自体はもとより元素同士の激しいドラマが、目に見えやすい日常的な物質の内部にあるのを知らされた。そのドラマは後年さまざまな岩石の探索に及び、フォッサマグナとして日本列島を南北に走る糸魚川辺りを中心にしたヒスイの採集などに余年がなかった。

一方で、町の電気店に初めて登場した自動洗濯機を見て、自分で造ろうと心に決めたこともあった。当然、最初は設計図を引く。ところがモーターの回転で水槽の中に水流を発生させるため、モーターの回転運動を水槽の底の円盤に伝える必要がある。

歯車をいくつか組み合わせるとき、それぞれの歯車の歯の数と位置を考え、接する別の歯車に特定の動きを伝動する必要がある。歯車の直径などから、それぞれの歯の数と速度を計算しようとするが、中学生の理科では不可能だった。

そのほか、いまでも理由がわからないが、毎朝、広い別府湾を見通せる高台で百葉箱を覗き、その数値を線グラフで記録するのを日課にしていた。夏の早朝は気持ちよかったが、冬になると、由布岳から吹き降ろし、別府湾を渡る北風が冷たかった。

観察の結果は、やたらと長い線グラフの記録用紙になったが、データから結論らしきものを導く作業はないまま卒業になった。

進学する高校は大学受験に有利な名門高や私立高ではなく、平凡な県立高校だったから、普通科の受験勉強を通り一遍に体験した。何しろ創立以来、東大に受かった上級生が一名しかいなかったから、先生も生徒も、初めから大それた野望など、抱くはずがない。ただし、校舎は濃密な松原と遠浅の海に接しており、最高の環境だった。

理科の設備を整えた化学教室にはほとんど興味を失い、熱中したのは、いまでも理由不明だが、部活の演劇だった。それも自分から率先してではなく、やや仲の良い同級生に誘われただけである。勧誘の理由は、部内がほとんど女生徒だけで、男子部員が不足し、活動が片手落ちになるということだった。

強いてもうひとつ理由をあげれば、その年、お茶の水女子大を卒業して赴任した国語の先生が、部活の顧問に就任したせいもありそうだった。広島の旧制高等師範学校を出て先生になり、定年に近い老教師より、東京の香りを身に着けた初々しい才媛先生がいいに決まっている。

もっともこの女先生は、社会科の先生との不倫関係で忙しく、部活にそれほど熱心ではなかった。力が入っていたのは入部を勧めた同級生の方だった。小柄だが身が引き締まり、その動きも頭脳の回転もきびきびしていた。少しあとでわかったのだが、彼には従兄か何か、文学座に所属した俳優がいた。たまたま高校の県演劇部連盟による夏季研修会が開かれたとき、先生として参加していた。

彼の出演する文学座の地方公演を県庁のある街まで観に行った記憶がある。演目はシェイクスピアの『十二夜』だった。双子の兄妹が主役で、取り違えをテーマにしたドタバタ喜劇である。

高校の図書室に福田恆存訳のシェイクスピア戯曲全集が架蔵されていた。高校時代の最大の読書体験は、漱石や龍之介からそれた世界的文豪の戯曲だった。後年になってイギリスに滞在したとき、片道二時間も高速道を走って、わざわざ彼の出生地を訪ねたくらいだから、なにかしら影響を受けていたのだろう。高校時代の貧しくもあり、豊かでもある本との出会いであった。

もう一冊、青春時代の読書にふさわしい小説があった。フランスの女流作家コレット（シドニー＝ガブリエル）の文庫版『青い麦』は、青春小説としていくどか読み返した。先輩の女子生徒が、通学電車で石坂洋次郎の『青い山脈』に熱中していたが、まあ、それよりきどった海外編だったから、遠い夢物語に似ていた。

もっとも年上の女性と少年に起きたできごとは、かなり後のイタリア語からフランス語に訳された『アルトゥーロの島』（作者は高名な作家モラヴィアの夫人）でも心躍らせて読んだ経験がある。だから、海辺でくりひろげられる情景が、どこでも海に接する半島で育った人間の興味を本能的に引き立てたともいえる。

小さな町には二軒の本屋しかなかった。今にして思えば、文具屋も兼ねた小規模の店だったが、なぜか高校の帰り道によく立ち寄った。そのときはほとんど気付かなかったけど、あとになって本に対する自分の性癖を感じ始めた時期だった。

ことの起こりは、表紙に印刷された文字の書体に対する嗜好からだった。たまたま目にした旺文社の受験参考書と培風館の物理の専門書が気に入ったのだ。けっして研究社や岩波書店ではなかった。理由は、タイトルや社名の活字が太明朝体や中太明朝体で、どちらも心地よくレイアウトされていたからである。

タイトルなどの文字の間隔は野放図に空かず、緊迫感のある詰め方をしてある。表紙といい、背といい、なにか人の心配りが文字の配置を支配し、美しさや心地よさを本全体に演出している。むろん文字と図版でまとめた本文ページ全体にも同じことがいえた。

本のページを開いて内容を読み解く以外に、本と読者が向かい合う別の出会い方、今風にいえば別のインターフェースがあることに気付いた。たとえば自分の好みから、ゴシック体を表紙などの文字に使った本には、ほとんど手を出さなかった。

この時、広義のブックデザインが本の内容より優先される本末転倒の見方が始まり、この高校生の時期から後々まで増幅していったのだ。これこそほかの友人たちと比較しても、奇異な性癖めいていたかもしれない。

本全体のデザイン、文字の書体へ向けた視線は、漢字に代表される表意文字の象形にも及んだ。漢字が複雑で画数が多ければ、それだけ濃密な意味が感じられ、想像力を掻き立てる。後に日夏耿之介や吉田一穂から塚本邦雄や鷲巣繁男にいたる作品を愛読したのは、この種の文字群が偏愛の対象だった側面もあっただろう。

ただし戦後の教育しか知らない身としては、旧漢字や旧仮名遣いの文章を自分で自在に書くことはできない。時代も急展開し、本の文章からは着実に古い文字や用法が減少し、当用漢字や新しい仮名遣いが主流になっていった。

この流れに併走して、本や雑誌のマンガ（コミック）があった。なぜか知らないが、周辺の若者を見ても、マンガ本に熱中している人はほとんどいなかった。熱中するのは、一九六〇年代が進んでからで、年配の両親たちは、マンガばかり読むんじゃないと子供に小言をいっていた。

「週刊少年マガジン」と「週刊少年サンデー」の両誌が創刊したのは、一九五九年で、マガジンの快進撃が始まり、『巨人の星』や『あしたのジョー』といったスポ根マンガで少年雑誌の地位を確立した。他にも『ゲゲゲの鬼太郎』や『天才バカボン』なども連載を始め、一九六七年初頭には百万部を突破した。

六〇年安保の時代には、学生たちは片手にマンガ雑誌、片手に「朝日ジャーナル」といったスタイルだったが、一九七〇年に神奈川県児童福祉審議会が有害図書に指定、その後は一九七一年に『巨人の星』、一九七三年に『あしたのジョー』が終了し、「マガジン」の勢いは徐々に衰退していった。

もうひとつ、直接読書する本ではなかったが、高校時代に『英英辞書』を入手して使ったのもやや特殊な出来事だった。親や先生に勧められた記憶はないから、なにか些細なきっかけで、小遣いをはたいて買い込んだのだろう。その結果、語源や別の英語で説明される辞書の単語知識は、急速に語彙を広げていき、英語の力が目に見えて向上した。

たとえば実体験した事例だが、「transparent」という見知らぬ単語は、英英辞書を使っていれば、単語を構成する語源が自然に読み取れ、はじめて眼にしても、意味を推測できるようになる。学校のテストで英文解釈に「transparent leaf」が登場したとき、終わったあとで「透明な葉」って何だと同級生に問われても、きちんと説明することができた。

大学の教養課程の英語購読では、ビアースやフォークナーの短編作品を読んだが、フォークナーは別にして、大概はところどころ辞書を引くだけで理解できた。生まれてはじめて原語で一冊の本を読み通したのも、これに続いた時期だった。最初の作品はペーパーバックス版で出ていたボールドウィンの『もうひとつの国』で、文章が容易なせいがあった。

この小説でマンハッタン島の地理と光景をすっかり憶えた。はるか後になってNYに行ったとき、そのときの知識が役立ったのには驚いた。もっとも極東の日本で終末の威光を残して消えつつあったモダン・ジャズの聖地「ブルー・ノーツ」では、すでにラテンの曲が支配的で、さみしい想いをした。

福岡では「リバーサイド」、就職直後の新宿では「木馬」「ディグ」「ピットイン」などのジャズ喫茶が巨大なスピーカーを唸らせ、セロニアス・モンクからソニー・ロリンズまで、半ば即興のジャムセッションからニーナ・シモンの倦怠に満ちたブルースまでが流れていた。

大学で初めて学んだフランス語は、最初期の動詞の変化を頭に叩き込んだあとは、単語が英語に類似しているせいで、意味を理解するのにそれほど手間がかからなかった。半年で基本を身に着けたあとは、教養部の講読でサン＝テグジュペリの『夜間飛行』などを辞書片手に読んだ。

お決まりのコースとして、プレイヤード版の『ランボー全集』を入手し、読み始めたが、中途半端のフランス語の力で簡単に歯が立つ詩文ではない。小林秀雄の訳詩を併読しても、はたして的確に理解できたかどうか。当時よく遊びに来ていた理学部の後輩で、才能を感じさせる後輩に託してしまった。

のちに後悔したのは、『星の王子さま』をてっきり子供向きの読み物と思い込み、手に取らなかったことだった。古めかしい大学だったから、女子大生は極めて少なかったが、文学部だけはやや例外で、その女性たちが王子さまの講読授業に押しかけているせいもあった。

表向きはやさしそうな文章だった。ただし注意して読むと、語っている思想は大人にしかわからないほどの、あるいは子供たちに理解してほしい深みを内包していた。たとえば人間がやたらに数字に頼って生きる姿が、きっぱりと否定されている。はるか後になって読書しながら、自分のうかつさや無知をひたすら反省するばかりだった。

さらにのちになって三十歳代に入った次男が、いま頃になって『星の王子さま』を読んだよとはにかんで口にした。どこかの大学のフランス語科をさっさと中退した気紛れ人のせいもあるが、親のまずい遺伝子を継いだこともあろう。その子の名前がこの本に因んだ人名にかかわり、両親の合作によって付けられたのを母親からさんざん聞かされていたこともあっただろう。

一九六〇年代半ば、安保闘争に代表される政治の時代は、たしかに『星の王子さま』どころではなかった。市街中心部のデモに駆り出され、いつも最後尾をてくてく歩いた。そのかわり、まだ興味を失っていなかった演劇活動で、反戦的なサルトルやカミュの戯曲を上演した。はるか後に、たとえば電源開発、農林中央金庫、東京女子医大などの首脳人になっていた当時の仲間が、白髪頭で会っても、急にその時代へさかのぼって、お互いのへぼな田舎芝居を恥じ入った。

九州での特殊なできごとでいえば、北海道と二分する石炭産業で、労働者による階級闘争が政治運動に展開し、ついには坑内爆発事故まで併発して、悲惨の極をさらけていた。三井三池炭鉱の坑内で起きた炭鉱爆発で亡くなった五百近い遺体が、むしろでおおわれ、構内にさらされていた。その光景をぼう然と眺めていると、当時、思想的指導をしていた運動家、思想家、学者、批評家たちの声も、いつの間にか脳裏に細る思いがあった。

重筋運動に適さない、繊弱な感覚の人間が後の生涯を選ぶには、それほど広い道が見渡せるわけではない。自分の中にわずかに流れていたものは、ちっぽけな本という世界にしかたどり着かない細流だった。それも唯美主義やデカダンスや高踏派に傾く、本の世界でもさらに数少ない細道だった。

一例をあげると、ユイスマンスの『さかしま』（澁澤龍彦訳）が愛読書になった。グリーンの背皮で装丁した特製本がほしかったが、学生には高価で手が出なかった。夏休み中、映画好きがこうじて八ミリフィルム・カメラを買うためペンキ塗装のバイトをしたが、残金で並製版をどうにか購入し、しばらくの間、熱中していた。

学生当時、田舎の大学で原書を物色したり、購入するには書店の丸善支店しかなかった。フロアには国内の本も揃っていたから、ときどき足を運んだ。学部ではフランス文学科を専攻するつもりだったせいで、関係する翻訳書も自然に目に入った。

そのなかで注意を引いたのは、ナタリー・サロートやロブ＝グリエやビュトールといった、当時、フランスで最先端を走る「ヌーヴォー・ロマン」の訳書だった。企画ほど斬新なデザインではなかったが、それなりの統一感を持つ本づくりが目についた。発行元は紀伊國屋書店と表記されていても、上京したこともない身には、本屋なのか出版社なのか、はっきりした知識はなかった。

新宿にある大きな本屋だったのをすぐ後に知り、出版社も兼ねているのだろうと、それほど心を留めなかった。ところが何かの宿命でその本屋に自分が所属するはめになった。大手出版社や全国紙の新聞社の面接試験に落ち、第二も第三もない志望先の面接をたまたま受けたのがこの会社だった。

新宿・角筈の新社屋ができる直前だった。高名な建築家による七階建ての新ビルに惹かれたのではない。小説家であり社長だった田辺茂一が和歌山県の出身で、その出自がむかし内藤新宿でやっていた炭屋というのも興味外だった。

決め手になったのは、面接官として登場した人との対面だった。鋭利な刃物がにこやかに笑っている印象の金子敏男氏の名を聞いたとき、映画好きだったせいで、フランスの映画論や映画史の古典本（マルセル・マルタン『映画言語』など）を翻訳した人だとわかった。

映画好きでひとこと触れておきたいが、一九六〇年代の学生時代は、フランスの「ヌーヴェル・ヴァーグ」（新しい波）の実験的作品が数多く公開され、ポーランド映画を含めた東欧の作品、イギリスの「怒れる若者」世代の作品まで、よく「アートシアター」へ観に通った。

ソ連からイタリアに亡命したタルコフスキーには奇妙な縁があって、ふしぎな映画を一作だけ見て、映画館の人にタルコフスキー映画の解説文を翻訳させられた。なぜそんなバイトがころがりこんだのかいまだに理解できない。全作を通して観るのは、はるか後になってビデオが買えるようになってからだった。以降、ずっと書棚の一角を占めて、保存されていた。

アルバイトといえば、福岡発祥の「ロイヤル」や「ロイヤルホスト」は、もともと米軍板付基地内でケーキの製造販売を行っていたが、本社工場でのバイトとして、ケーキ造りの若者たちにフランス語を教えた。ケーキの本を読む人や、スイスに留学する職人さんに必要だったらしい。彼らに教えていたせいで、ケーキをよくご馳走になったり、社内運動会に招待してもらった。

卒業後にフリーランサーをしていたとき、東京世田谷区のロイヤルで偶然、幹部の方と話した。その相手が福岡の古い本社工場をよく憶えていて、木造の建物の床が傾き、テーブルの鉛筆が転がったというと、苦笑いをしていた。

脇道にそれたが、面接官だった金子氏は、九州天草に生まれ、京都大学理学部、東大大学院仏文学を卒業した。その二刀流のキャリアが自分には好ましかった。その下で働く洋書部の仕入・広報・販売企画の業務もいやではなかった。同書店の書籍販売業務は大きく洋書部、和書部に分かれ、自分の属した洋書部は店頭販売、都内販売、地方販売からなり、バックヤードは六階のワンフロアすべてをそのスタッフに占められていた。

新宿のデート待ち合わせ場になるほど、同書店は国電からも地下鉄からも恰好のアクセス・ポイントで、よく知人が立ち寄った。海外の出版社が取引先のすべてで、その業務もほとんどビジネス文書の往復だから、仕事上の来訪者はまったくない。来客中と黒板に書き、ビル内のコーヒー店に降りて行くのが、はじめはどこか気が引けた。

田舎生活に染まった知人が店頭に訪ねて来て、店員の何某を呼んでくれと頼むのもいた。書店ということで、店頭に立って販売業務を行っていると思っていたのだ。あいつは大学まで出て店で立ち売りしてるのかと同情されたようだった。

洋書の広報、輸入などを行いながら、フランスのガリマールやラルースやアシェット、のちに倒産するPUFといった大きい出版社はもちろん、前衛的な出版姿勢を堅持する小さな出版社をつぶさに学ぶ結果になった。

たとえば自分の趣味からも時代の要請からも、すぐれた本を出していたジョゼ・コルティ社があったが、後年、わざわざ自分から訪れることになった。小さなスペースで一階が書店（古本屋）、二階が編集室という家内手工業めいたたたずまいだった。

セゲルスという出版社は、詩の本のシリーズもの「今日の詩人」などを出していたが、後年、出版社に転職したとき、そのセゲルスと著作権の交渉をするなど、そのときは思いもしなかった。J＝J・ポーヴェール社も好きなタイトルが多かったが、後年の自分の出版にはその影が濃く射していたようだ。

英語圏は、マグロー・ヒルやマクミランなどの大手出版社が巨大化しがちだった。一方、音楽でいえば、インディ・レーベルに当たる先取的な（on the edge）小型出版社も都市部に少なくなく、当時、個人的な顧客として、たとえば「エヴァグリーン」を定期購読し、「ヴィレッジ・ヴォイス」を店頭で立ち読みしていた。

これも後年のことになるが、何かの取材でカメラマンとマンハッタンにいた。ヴィレッジの小路も歩いたが、たとえばその場の小さな書店に入るさえ、気が引ける行為だった。書棚に並んだ書籍や雑誌は、すべて同性愛をテーマにしたものだったからである。

「ヴィレッジ・ヴォイス」や「エヴァグリーン」を読んでいると、出版社は小規模がかえってよいかもしれないと思うようになっていた。紀伊國屋書店に入社してフロアの奥にあった出版部を覗くと、わずか三、四名ほどのスタッフで、わが身にかなった感じだった。

ただし新入社員としての月日はさっさと過ぎ去り、三年ほどしても無言の希望は叶えられず、再就職先を探すはめになった。いずれにせよ、この間に、フランスの本を中心に欧米の出版がどう行われているか、細かく知り尽くすことができた。

再就職先は出版物のジャンルを、さらに狭く絞り込んだ会社だった。当時は小説がまだ部数の稼げる主流と思われた時代、入社試験を受けたのはひたすら現代詩の本を出版していたマイナーすぎる会社だった。現代詩で飯を食うなど、仙人が霞で生きるのに等しいと思われがちな時代だった。

余談だが、入社試験を受けたもうひとりは、のちに女流作家として名を馳せる津島佑子だった。冗談めかして、自分が試験に合格したから優れた作家が誕生したと、自慢気に小説好きの友人に話していた。

とりわけ現代詩が好きで、愛読していたわけではない。ただし、日常的な既成観念を飛び越えた透徹した日本語の美しさは好ましい世界だった。当時の思潮社は、社屋もユニークだった。会社の規模も小さく、本郷西片の台地が西の春日通りや小石川に雪崩れ落ちる崖っぷちにへばりついていた。

建物の入り口はマンションの三階にあり、階段で下へ降りる一階がオフィスだった。中に入って室内を進むと、ベランダのはるか下に樋口一葉の生家跡がある低地が見えた。東大のある本郷台が西片台で急傾斜して落ち、小石川の流れる谷底となり、ふたたびその西の小日向台へ駆け上がる一帯が見下ろせる。余談だが、東京はおびただしい台地と谷と坂とで成り立っている。

一時期、「植草甚一スクラップブック」の刊行で若者たちに人気を博していた晶文社があった。自分にはその勢いぶり、刊行点数などから、大きな出版社を頭に描いていた。後に同社が本を出してくれることになり、社屋を訪ねたが、御茶ノ水駅下の神田川堀と神田明神脇の坂道に挟まれ、川端の狭い敷地に細々と横一列に建つ建物のひとつで、脳裏のイメージは一挙に萎んだ。

思潮社も同じだった。オフィスには小さな部屋が四つあり、編集作業は六畳程度の部屋に四つのデスクを寄せ、自分も含めて四人の編集者がいた。多くの読書家は驚くかもしれないが、弱小出版社は今も昔もたいがいこんなものである。

たぶん社長が新人に期待したのは、当時、社に欠けていた外国詩関連の出版だったろう。最初に担当したのは、訳者が決まっているのに進行が滞っていたガストン・バシュラールの『空間の詩学』だった。自分でも好きな科学思想家だったから、幸先のいいスタートである。引き続き、同じ現象学系統の批評家リシャールの本なども出した。

以降の企画も自然に海外文学となりそうだったが、人手不足から、編集作業はアトランダムだった。当時、寺田透氏の作品集を刊行していたが、横浜のご自宅にゲラ刷を届けるなど、編集の補助的な手伝いなども行った。寺田先生の家には電話がなく、いつもはがきで連絡を取っていた。文士気質の面目躍如である。

編集部で机を並べたのは、いずれも詩人の川西健介、辻征夫、八木忠栄の三人で、とくに年齢がほとんど同じ辻征夫とは、互いに自宅へ遊びに行ったこともある。はじめて向島と呼ばれる川向こうに足を踏み入れたが、ごみごみした下町というものを実感した。

東京浅草育ちの彼は、よくこちらの九州なまり、歯切れの悪い話し方をからかった。思えば、明治時代初期、鹿児島から上京し、多くが警官になった薩摩藩人のことばを江戸庶民がからかったのに似ていた。

どこにそんな力量があったのか、彼は花街を主題にした小説を書き、文芸誌「新潮」に掲載され、次期作も依頼されていた。浅草や吉原が子供の頃から親んだ土地だったから、知悉した場所だったのだろう。その彼が不思議な病気で急死するとは、誰も予想しなかった。彼の作品が今でも読めるのは、「現代詩文庫」（思潮社）や『辻征夫詩集成』（書肆山田）である。

一方、こうした時期は、東大安田講堂の占拠事件（一九六八年）を発端に、第二次安保反対運動と重なった。昼食のついでに東大構内に入り、あれこれ眺め歩いた。九州の大学で美学を習っていた今道先生が東大に移り、芝生の囲い垣にぼんやり座っていた。

寺田透先生が、おれは御用学者じゃない、「文士」だと公言して、ほかの教授たちとは一線を画し、大学を退官したのもこのさなかだった。一九七〇年代にかけて、時代が大きく動き始めていたのである。

その渦中にいる自分としては、時代が特定の方向に流れ、進んでいると思っていたのに、ふと目を凝らすと、先は思わぬ方向に曲がり、足元にぽっかりと空洞が広がる眩暈を感じていた。連合赤軍のメンバーが軽井沢に銃を持ってこもった浅間山荘事件（一九七二年）、直後に発覚した凄惨な仲間内の殺戮をいまでもふと思い起こす。

そうした時代とどんな関係があったかわからないが、おりしも現代詩ブームが徐々に湧き上がった。そのせいか、会社は高級住宅街の市ヶ谷・砂土原町に二階建て新社屋を建てて移転。二階の半分が編集室に充てられ、「現代詩手帖」や日本語の詩集を編集する部門と海外文学の翻訳を出す部門が、ふたつの島をつくって分かれた。

この社屋と一緒に思い出すのは、三島由紀夫の割腹事件である。一九七〇年十一月二十五日、ラジオでニュースを聞き、すぐ編集部を飛び出して走った。学生時代に、未完だったが、三島論を書くほど、興味を持っていたからである。

外堀沿いの道を走り、市ヶ谷見附から新宿方面にカーブを右折すれば、すぐ自衛隊市ヶ谷駐屯地の正門前に着く。駆け足で十五分くらいだったろう。正門はしっかり閉ざされ、報道の人が集まりつつあった。ただし中の様子はうかがえず、バルコニーからの演説も後で知った。

その場にとどまっても、何が起きるか予想もつかなかったし、起きてもすぐ目に見え、聞こえるわけではない。事態の進展も推測しようがなかったので、ふたたび堀沿いに引き返した。途中、作家の阿部知二が小さなビルで講演会をやっていたので、しばらく覗いたが、いまだに講演のテーマが何だったか、思い出すことができない。知性を本領とするふたりの知的作家が、踵を接したような位置でかけ離れた行動をしている落差が、ふしぎに思えた。

この時期、自分自身にとってのささいな事件は、版権を取って、最初の翻訳本を刊行したことだった。パリ生まれの作家で、ヘンリー・ミラーやローレンス・ダレルと親交の深かった女流作家アナイス・ニンの『近親相姦の家』である。

どのようにして入手したかは思い出せないが、薄っぺらなA5判のペーパーバックスは、自動筆記と思われる筋のない散文詩と作者自身の写真を組み合わせたコラージュで成り立っていた。

自分にとって処女翻訳本なのに、残念なのは、素人が起こした版元だった上にデザインを一任してしまったことだった。いつまでも愛着の湧かない本づくりだった。作品がそれほど優れていなかったのか、本を読者として見る目と本を作る手とが、自分の中でまだ統一されず、眼高手低の状態にとどまっていたからである。

気おくれしたが、訳書は手紙をつけてアメリカに住んでいたアナイスに贈った。フランス語の返事が来たのを思潮社に残して辞めたのがやや残念である。ややというのは、手紙の文面はタイプライタで打たれていたからである。

この手紙をアメリカでニンに見せられたニンの友人・杉本女史が、アメリカから帰国したある日、急に訪ねて来て、ニンの伝言や近況をつぶさに語ってくれた。彼女がニンの代表作になる『アナイス・ニンの日記』を日本語に訳すように聞いていたが、実際は別の新鋭の女性訳者の翻訳で出ている。杉本女史がニン個人については知っていても、パリ時代の文人たちや時代の雰囲気について、それまで学んでいなかったせいだろう。

同じころ、大学の大先輩に当たる有田忠郎氏との共訳で白水社の「クセジュ文庫」の一冊

『占星術』を出版した。田舎の大学にいながら、洗練された詩やエッセイを書き、地元の同人誌に発表していたが、ご本人に欲がないのか、学内での昇進や東京での活躍に積極的ではなかった。緻密で誠実な翻訳文だったのが、いまでも忘れられない。

同じ白水社で「ヘルメス叢書」というシリーズ本が出るとき、前回と同じように共訳を誘われたが、多分、五、六冊はあるシリーズが重荷だったし、ヘルメス自体の勉強もろくにしていない。折り悪く失恋の真っ最中で、それに応える気力もすっかり奪われていた。まだ二十代の後半だったろうか。

思潮社の創設者だった小田久郎氏には、後になって思えば、いろんなことを教えてもらった。森谷均の主宰する昭森社辺りから本づくりの手法を伝授された模様で、昭森社は自分も一度、訪ねたことがある。ごみごみした神保町の一角、狭く急な木の階段を上がった狭い事務所だった。小田氏自身、戦後の「荒地」派に心酔する詩青年でもあった。

マラルメの代表作であり、遺書であった『骰子一擲』の特装本を編集し、装丁する途中、巻頭解説のわずかひとつの文字の位置を修正するよう同氏のアドバイスがあった。いわれるまま直して校正が刷り上がってきたとき、わずか数ミリの位置修正が、いかにページ全体を引き締める効果をもたらし、文字自体を生かすか、つぶさに知る羽目になった。

そんなこともあってか、同社の雑誌や単行本はブック・デザイナーに依頼するケースが多かった。自分が担当した雑誌や本の多くは、グラフィック・デザイナーの清原悦志氏にお願いした。潔癖症の人らしく、あまりに細部にわたってデザインを行き渡らせたため、一般の読者にはどこか息苦しいまでの緊張感を与えた。師と仰いでいたグラフィック・デザイナー杉浦康平氏とちがうデザインを心がけたのだろう。

それを和らげるためなのか、オフィスの大きな日立製スピーカーから、よくキース・ジャレット演じるバッハのゴールドベルク・ヴァリエーションが流れていた。あの曲をいまでも聴くと、さして広くないデザイン事務所を鮮明に思い出す。

そのころになると、東大の全共闘世代の人たちが入社してきた。文学部美学の桑原茂夫氏（河出書房経由）、仏文の大泉史世さんだが、この世代は就職には骨を折ったのだろう、気の毒な入社だったかもしれない。

桑原氏は「現代詩手帖」を引き受け、泉鏡花特集の別冊を編集した。二十代になってやっと鏡花全集（春陽堂版）を読み始めていた自分に原稿を書かせてくれ、以降ずっと鏡花への興味は尽きなかった。あろうことか、その成果が六十歳代になって『泉鏡花と花』（沖積舎）という自著に結実した。なんとも進歩のろい人間ではある。

ある日、特集号を編纂するために鏡花の姪に当たる泉名月《なつき》さんを訪ねるというので、頼んで神奈川県逗子に同行させてもらった。明治大学フランス文学科を卒業したキャリアの連想とちがって、和服に身を包み、座敷に正座して深々と頭を下げた。鏡花夫人だった神楽坂の芸妓（伊藤すず）に小さいころから育てられたためである。

それからはるか四十年、『泉鏡花と花』ができたとき、当時、自分が入院していた北関東の病院から、友人に頼んで、近況を伝える手紙と本を名月さんに送ってもらった。折り返し謝礼と丁重な手紙と見舞の花代が届いた。

喜んでくれた様子やよく憶えていただいたことに驚きがあったが、あろうことか一か月経つか経たない間に彼女の訃報が伝わった。間に合ってよかったと思うより、人の死のあっけなさに茫然とした。車椅子でしか動けない身では、北関東のはずれから神奈川県には、足の運びようがない。瞑目して、密かにお別れをした。

桑原氏と同時入社の大泉さんは、自分のいる編集グループに入った。あなたは予備校の入り口にガラスケースに入れて飾った方がよかったとよくからかった。理由は、彼女の学歴である。番町小学校、麴町中学校、日比谷高校、東大という日本屈指のエリート・コースを歩いた経歴の持ち主だったからである。このような環境に置かれたことが、そうでない人には理由もなく不可思議に見える。

この間、自分が関わった仕事では、単行本の企画・編集以外に、季刊誌「思潮」の創刊があった。日本語の詩集出版と併走する月刊誌に「現代詩手帖」があるように、海外詩の出版に連動する雑誌があっていい。それを具体化するというのが、一九七〇年に創刊した季刊「思潮」の趣旨だった。

創刊号のテーマは「シュルレアリスムの彼岸」だった。終刊号「ネルヴァルと神秘主義」（一九七二年）まで、短い寿命だったのは、同社を辞職する出来事が背景にあった。

安保や全共闘の経験者が数名いたせいか、小さな出版社には組合のようなものができ、定期的に会合が開かれた。たしか賃金闘争も行われたと記憶するが、社長がその手の問題に腰が引けていたため、かえってわだかまりが生じ、ついには組合活動を抑え込む外部の人を導入し、強硬手段に突っ込んだ。

結果として、八木氏以外の編集部全員と営業部のほとんどがさっさと辞表を提出して辞めた。辞めてもすることがないので、身内から借金をして資本金四〇〇万円の牧神社を設立した。安い給料で手を貸してくれたのは、編集の大泉さんと営業の渡辺誠君だった。

場所は本郷の赤門前から小路を西に入った辺りで、やはり小さなマンションの二階だった。部屋は六畳間が仕事場になり、三畳和室やダイニング・キッチンは倉庫になった。書籍流通の問屋に当たる取次店が、注文書籍の回収などで小型トラックを乗り付けるのが気の毒なほどだった。

数年して表通りの本郷三丁目にあるビルに引越し、おんぼろビルだったが、どうやらオフィスらしい体勢になった。まさかこの地で社員に赤旗を振られ、終末を迎えることになるとは、当時、思ってもいなかった。

思潮社で創刊した雑誌は、牧神社で「牧神」という季刊誌に引き継がれた。デザインはやはり清原悦志氏に依頼した。その頃、本郷三丁目近くの修学旅行生向き旅館に大きな部屋を借り、校正刷りを広げて、徹夜でやっていただいた。雑誌のテーマは幻想や超現実のテーマで通したため、バックナンバーが少しずつだが、いつまでも売れた。

当時、なぜかしら季刊誌の流行があった。自分のところにまで東京新聞（中日新聞・北海道新聞・西日本新聞）からこうした事象をどう読み解くかの原稿依頼があったほどである。一九七〇年代はやはり先が見えないまま、問題を掘り下げようとする手探りの状態だったのだろう。

同じ思潮社時代に平井呈一翁との出会いがあったのも特筆していい。翁の名前は『吸血鬼ドラキュラ』（創元社文庫）、『怪談』（岩波文庫）などの訳者としてつとに知っていた。翻訳にはえてして原文のシンタックスが残るものだが、翁の訳文は日本語としてみごとに流暢だった。『吸血鬼ドラキュラ』を読んだ時は、ロンドンから馬車を駆って東欧のカルパチア山脈を目指す道のりの場面から、一挙に引き込まれていった。

一度、お目にかかりたいと思い、一介の編集部員として連絡すると、上野の風月堂を指定された。喫茶室への階段を上がってきた人は、細身の低い身体に薄ねずの和服の着流し、上から羽織をまとい、手には布製の手提げ袋、足元は白足袋に雪駄履き、落語が好きだった九州の田舎人には、江戸時代の下町のご隠居を絵で見るようだった。

黒門町の老舗「うさぎや」の双子兄弟の舎弟で、兄に当たる人は芥川龍之介の葬儀委員長を務め、屋号の文字は河東碧梧桐の手になるくらい江戸下町の風雅な文芸趣味に生きる一家だった。そのご夫人は店に立って接客していたが、いつも小気味のいい江戸弁に聞きほれたものだった。

旧日光街道（御成り街道）に面し、秋葉原と御徒町の中間、いまはビルになってしまったが、当時は小さな仕舞屋で、一軒幅ほどの表のガラス引き戸を開けると、小さな土間の奥にかわいい菓子ケースがあった。創業の明治初期に「もなか」をはじめて作ったと聞いたが、「どらやき」が好評だった。

　翁に会う目的は『オトラント城綺譚』の単行本化である。十八世紀のイギリスに流行したゴシック・ロマンスのひとつで、一九七〇年代のイギリスで見直しが行われ、他の多くの作品と一緒にシリーズとして再刊され、日本の洋書店にも並んだ。袖珍本として出してほしいといわれたが、A5判変型、五号活字で出版した。

　当時、本の文字は、五号活字がなによりふさわしいと思い込んでいた。九ポイントの単行本は文字が小さい、八ポイントの文庫本にいたっては、本として読むのにふさわしくない。文字が小さいから、書く人も読む人も注意が散漫になり、いい加減なことばしか使わない。

　現実には滅多にかなわない願望だったが、大正時代や昭和初期に出た古い本で、たとえば正岡子規の散文を読むと、単純な写生文でさえいかにことばの一つひとつに作者の思いがこめられているかがわかる。五号活字は書き手の思いを盛るのにふさわしい大きさの器であり、読み手がその思いを読み取りやすい大きさである。それより小さな活字は、せかせかと犯人を捜すように、ありきたりの情報を探すように、結論を急ぐ本に似つかわしい。

　そんな理由もあって、思潮社版の『おとらんと城綺譚』の訳は翁から提案のあった建部綾足に範を取る擬古文にしてもらい、刊行した。なぜ無教養な愚生が、建部綾足などを知っていたかというと、そのころ上田秋成の『雨月物語』『春雨物語』などを読み、その隣人みたいな建部を読んでいたからである。

　これは作戦として大成功だったと思う。どちらかといえば単順すぎる作品の内容が、思いもしない雰囲気を醸し、翻訳とはこれほどまでの手間をかけるべきだと平井翁に学んだ。

『雨月物語』といえば、この時期、人の死がまといつく出来事が重なった。夏休みを利用した、立教大、青山学院大、明治学院大の合同で開かれた英文学科専攻の集中ゼミが、清里高原にあるカトリック系大学の施設で行われた。中央線小淵沢から小海線に乗り換えて着く避暑地の清里で、八ヶ岳の裾野である。

編集者として呼ばれたのではなく、フランス語が少しできる出版人として、ピンチヒッターまがいの講師だった。午前中の時間が学習に当てられ、午後は山歩きなどに費やされた。十人ほどいた参加院生の中に、数日遅れて参加した甲府出身の女性がいた。最初の印象は、青白い、無表情が目立つ顔だった。

そのときは知らなかったが、彼女は同じ大学の先生と恋愛関係にあり、交際が続けられていた。相手の先生は、子供のいる既婚者である。ふたりの関係が彼の家族に知られ、どうした諍いがあったかどうか、結果としてその院生が不倫相手の先生に抹殺されることになった。部外者としては、殺害に至る心理がいまだに理解できないでいる。

警視庁捜査一課などが、一九七四年二月二十八日の午後、八王子の別荘周辺の空き地や雑木林を捜索した結果、裏山の崖上の藪から洗濯用のロープで縛られた絞殺遺体が、わずか五〇センチの穴に無造作に埋められていたという。最初に見たときの、顔色の悪い、沈んだ姿は、そうした死期を予感していたのだろうか。

殺人を犯した先生には顔を合わせたことがなかったが、自社の雑誌で原稿を依頼したことがある。たった一度だけ依頼したものが最後の原稿になったのだが、それがていねいに会社に届けられていた。まさかその直後、亡くなるなど想像もしなかったから、締切よりかなり早く着いたのを不思議に思いつつも手もとに置いていた。

事件を知ったのは、原稿到着の直後だった。先生ご夫婦と二人の娘さんの家族四人が、熱海の海に投身自殺をしたのである。教え子を殺して埋め、その罪を贖うように一家心中に至ったのだった。

昔から投身自殺の多かったこの高い断崖に立つと、眼下いっぱいの相模灘が広がる。枯草とむき出しの土や石ころの間に身を乗り出すと、真下に岩礁を打つ波と風の音が聞こえる。よほど差し迫った、非日常的な精神状態に置かれなければ、娘ふたりを連れた両親はここから飛び込めないだろう。自分にとっては、はるかに想像を超えたできごとである。

話がすっかり本から離れてしまった。ただ八ヶ岳の避暑地にほんのひと夏を過ごし、本に書かれたものを巡って話を交わしたわずかな人々が、どうして人の生死にかかわる事件に名を連ねたのだろうか。

午前のゼミは、シェイクスピアで修士論文を書く院生がいたせいか、往々、シェイクスピアを巡る話になることが多かった。人の自死や殺人の多い彼の作品が、そのひと夏に何か影響を与えたのだろうか。

本の存在は、読者の想像を超えた読後の印象を心の底に沈め、思いもしない影響を日常に噴出してくる。自分にとっては異常な出来事ともいえるこのひと夏は、シェイクスピアの演劇前史を血の色で染めたマーローなどの惨劇にも似ていた。
『オトラント城綺譚』につぐゴシック・ロマンスのもうひとつ『ヴァテック』は、牧神社になってから刊行した。京都大学の生田耕作先生に依頼すると、矢野目源一の訳文が優れているという。著作権者のご遺族にお目にかかって諒解をいただき、京都・鷹峰の生田先生宅に伺って、本文校閲、解説をお願いした。書斎には垂涎ものの本が並んでいた。泉鏡花の初版本もほとんど揃っていただろう。

これを機に、生田先生に上京をお願いして、平井、生田両氏の対談を山の上ホテルで行い、「牧神」第一号に掲載した。ふたりが翻訳の達人として共通していたからだが、意外なことにご両人の実家のご商売が、料理や食べ物を扱うのをはじめて気づいた。ことばに対する細やかな、職人的な配慮は、なにかそんなことで共通していたのではないか。

両書の特装版についても書き留めないわけにはいかない。本文を和紙にすり直し、外装もすっかり変えて、七五部番号入り限定にした。表紙の仕様は、中継ぎ背と表紙三角コーナーに既橋の加工元で吟味した皮革を使い、平《ひら》の部分には、国宝安部栄四郎の手漉き雁皮紙を、日本の墨流しの技法と原理が同じ彩色マーブル染めに仕上げたものを使った。

名称のとおり、大理石の肌理模様以上に美しく仕上がるマーブル紙染めでは、悪戦苦闘を重ねた。紙の問屋に行けば、俗にマーブル紙と呼ぶ紙が見つかるが、それは適当に大理石模様をデザインし、印刷したものでしかない。

昔の日本で、マーブル染めと呼ばれる手法が用いられていたのは、企業や役所の堅牢な出納簿の小口や天の部分に多かったと聞いて、あれこれ聞き歩いたが、ほとんどが手染めだった。手法は水の表面に顔料を浮かべ、その表面に紙を乗せて着色するやり方である。

さっそく知り合いの印刷屋さんの手を借り、二階の空き部屋で作業に挑戦する。水槽に水を入れ、表面に顔料を流して、上から紙を乗せた。すると、即座に問題が発生。顔料が沈んだり、紙を取り上げるときに破れたりで、一向にうまくいかない。

室温や湿度をあれこれ変えたり、聞きかじってこんにゃくの粉を入れてみたりしたが、現代の印刷技術自体がはるかに進んでいたから、手作りマーブル紙の作り方などという悠長な方法について質問できる人も見つからなかった。

当時、牧神社は、西荻窪、ついで青山で小さな教室を開いていた。この講座のひとつに本づくりのコースを作った。講師にお願いしたのは、北欧から来たヘルスティン・ティニーさんだった。その彼女が自宅の工房で、あろうことかマーブル染めを実践していたのだ。

自ら水槽を作り、染めていたが、得意先はどこの誰か知る由もなかった。少なくとも本とはちがう装飾品の一部だったようだ。彼女はマーブル染めの実践的入門書を日本語訳で上梓した。サイン本をいただいたが、同好の人がいると見えて、貸したまま返ってこなかった。

平井翁の個人全訳になる『アーサー・マッケン作品集成』（全六巻）が、牧神社になってのの最初の企画であり、出版物だった。並行して桑原茂夫氏が外部の編集プロダクションとして企画・編集した『アリスの絵本』の発行も行った。

以降、月平均一、二点のペースで新刊を出した。営業政策上、シリーズものを多くし、読者の興味を引き立てるようにした。マッケンの全六巻をはじめ、『ロルカ全集』（全三巻）、『プチ・ニコラ』シリーズ（全三巻）、『三富朽葉全集』（全四巻）、鷲巣繁男評論集（全三巻）などである。

しかし、国内のスペイン文学会をあげて協力をお願いしたロルカは、A5判の各巻が分厚く、少部数（各巻千部）のために定価が高くなり、売れ行きは悪かった。一巻だけがかろうじて数百部の再版を見たが、他は初版のままだった。当時、教育機関を含め、全国の図書館が約七〇〇あるといわれた。この売れ行きからすれば、個人の読者がどれだけいたか、暗澹とした気持ちになる。

鷲巣先生の評論集は、その内容、領域が難解で有名だったこともあり、売れ行き成績の悪い最右翼だった。逆にパリの子供たちが主人公として登場し、どこかエスプリのある悪戯を繰り返すマンガ入り本『プチ・ニコラ』は、版を重ねることができた。

世間にはよく次々と新刊を出す出版社があるのを読者は知っているだろう。勢いの盛んな会社だと多くの人は思うだろうが、その背後には自転車操業が隠されているのを知らない。すべてがそうではないが、出版社にはその業態上、自転車操業が宿命のようになっている。新刊を出し続けなければ、走り続けなければ、倒れる可能性が高いのである。

牧神社を創業したころも、なぜ世間の多くの出版社は立ち上げから時間がたたないうちに閉鎖するのだろうかと、ふしぎに思っていた。几帳面にやれば、必ずうまくいく。冒険を避け、地味に運営すれば、自然にうまくいくはずだと思っていた。

ところが本は、仕入れ値を安くたたき、売値を高くし、右から左へ流してぼろ儲けをすることのできない商品である。街の饅頭屋ほど規模が小さくなく、資本蓄積や余剰資産を持つ大会社でもない。どこにもありそうな、素人の事業立ち上げだった。

平井翁と会うのは、黒門町の実家や上野風月堂だったが、上京していないときは千葉県富津の山際、ご婦人と同棲していた借家を訪問した。牧神社になって『アーサー・マッケン作品集成』の翻訳が開始してからは、泊まりがけで出かけることが多かった。

書斎は、北向きと西向きに大きな窓の開いた八畳ほどの部屋だった。中央に木造の古式な机をどんと据え、右側の壁には近所の素人に即製させた木地板のままの書棚があり、洋書も和書も怪談に関係するものが並んでいた。

翁が亡くなった後、これらの本の蔵書記録を作ろうとタイプライターを持ち込み、カードを作っているさなか、翁の戸籍上の正妻が現れ、きつい眼差しで中止を命じられた。大した冊数でない本を古本屋に下げても、どれほどの金額にもならないだろうに。

ずっと後の一九七九年三月半ば、早稲田で古書店を開いていた大国さんから電話があった。当時、都電の終点があった大きな通りに面し、英文の古書を専門に扱う小さな店だったが、ご主人が熱心な方でよくイギリスに古書探索に出かけ、後には大学に近い通りのビルに入って、売り場面積も広くなった。まだ小さな店時代、平井翁のご贔屓の古書店で、例の和服に手提げ袋、白い足袋に雪駄履きのなりで、上京のときは必ず訪れていた。

電話の内容は、神田の古書会館で平井翁蔵書（洋書）の競売が行われるという。同じ趣旨の電話は、平井夫人からもあった。わざわざ知らせてきたのは、競売の前に関係者による形見分けがしたいという。

自分が欲しいものは三冊だけだった。モンターギュ・サマーズの序文、カラーの挿画入り『オトラント城綺譚』(Castle of Otranto & Mysterious Mother, 1924)、同じモンターギュ・サマーズ、オドンネルそれぞれによる同一タイトルの『狼伝説』(Werewolf) を購入した。この三冊は、ずっと長い間、身近な書棚にありつづけた。

それからわずか二か月ばかり経った五月五日、社員旅行中、関連業者に思いもしない手形の不渡りをくい、自社の手形も自動的に不渡りになり、牧神社は「事実上」の倒産に至った。この段階で打つ手があったが、会社の休暇中のせいで処置の機会を失なった。わずか六年余りの寿命だったが、友人たちの中には、夏の彗星のように夜空に消えたなあと述懐する者がいた。

彗星は燃え尽きればいいが、人間の日々はそうはいかない。不渡りと同時に、金融業者、労働組合、出版労連、関連業者、事件屋などが押し寄せ、自家からの夜逃げも含めて、修羅場の様相を呈していた。

主だった取引業者に、事情説明やお詫びや債権債務の確認に回る。どこかに臆する心があって、つい手抜きも生じる情けない人間だった。なかには債権を放棄する関連業者もあり、社長から逆に励まされるケースもあった。生まれた家も若い時期も「商売」にまったく縁のなかった生活環境だったのが、不慣れな会社経営に破綻の亀裂を大きくしていったのだろう。

それでも支援してくれる人がいて、印刷を担当してくれた高野義夫氏、禅宗の寺への参禅を無言で導いてくれた阿部英雄氏の存在が、どれだけ窄まる心の支えになってくれたか。

そんな折り、福岡での学生時代に友人だった吉本哲郎、井本元義、吉村丘氏からはカンパが届けられた。学生時代の厚誼は、申し訳ないことに今でも続いている。


暗黙の裡に蔵書目録作成を拒絶されて以降、千葉の平井翁の家に一度も行くことはなかった。一緒に住んでいたご婦人にときおり様子を訊く手紙を出し、それも間遠になって消えていった。もうすっかり忘れたころ、一冊の自費出版による婦人自身の句集が送られてきた。所在地は千葉の養老院の名になっていた。

頻繁に訪れたころの多くの時間が、仕事の用件よりも翁の話を聞き、問うことに費やされた。東京下町にまだ残る江戸気質、大正から昭和初期の時代風潮など、尽きることがない。

互いの話題でたったひとつだけ、自分の質問の矛先が鈍ることがあった。永井荷風と翁の関係である。

荷風の日記には、昭和十年代初期に平井が断腸亭を訪れ、弟子入りを目論んだ様子が描かれている。この話題は一度も口に出さなかったから、翁自身の心境は知る由もない。荷風日記には、ある日、もみ手をしながら姿を見せたとあったのを記憶しているが、その様子がいかにも下町の商家の息子を思わせた。

平井翁がときどき使った「同臭の徒」の臭い、それを同じ江戸下町の生まれとして感じていたのだろうか。後に盗作事件となる筆禍について荷風に糾弾され、贋作が巷間に出まわった。よく知られた『四畳半襖の下張』である。

ずっと時代が下がって、この本を入手し、読むことができた。原作は明らかに荷風の手によると思われる。問題は作品がどのように世に流布するにいたったか、そこに平井翁がどうかかわったか、何も問えなかった身としては、秋庭太郎の荷風論に記述されたとおりでいいと思っていた。

『四畳半襖の下張』の流布本は、もちろん発刊当時の様子は直に知らないが、相当数の版本が後になってもかなり手に入ったから、戦後しばらく需要に応じながら、多様な形態で発行されたのは事実だろう。

にもかかわらず、敗戦後から四半世紀たった一九七二年、同作が月刊誌「面白半分」に再録され、同誌の編集長だった作家野坂昭如氏と社長兼発行人だった佐藤嘉尚氏が、「刑法一七五条のわいせつ文書販売の罪に当たる」ために起訴された。

裁判には丸谷才一など現役の有名作家を証人に申請したが、一審、二審とも有罪で（野坂に罰金一〇万円、佐藤に罰金一五万円）、一九八〇年、最高裁の第二小法廷判決で上告棄却になった。

法廷で最終的に耳に残ったことばは、問題の本の「性に関する露骨で詳細な描写叙述の程度」と「芸術性・思想性等による性的刺激の緩和の程度」であった。つまりは、過激にならない、社会通念を超えない、そこそこの描写という、凡庸で常識的な判断基準に判決はよっていた。

こうした判断と基準は、そののちにやはり裁判になった「愛のコリーダ」事件も同じで、こちらの法廷でも耳に残ったのは「時代の健全な社会通念」ということばであった。この裁判の特徴は、起訴されたのが映画ではなく、大島渚が書いた同名のシナリオ集であったことで、作者（大島渚）や出版者（三一書房の代表者）が関連して法廷に登場した。

法廷で際立ったのは、ことばを荒げて権力に挑戦する三一書房社長の迫力だった。自分はもう残りの人生が少ない、その残ったわずかな月日をかけて戦い抜くと、声を振り絞りながら叫び続けた。その出版物も反権力的書籍が多く、独特の編集姿勢から数多くの読者を持っていた。出版人の反骨をまざまざと見る思いだった。

裁判の主任弁護士は、大島渚の京都大学法学部時代に同窓生だった内田剛弘氏だった。なんともふしぎな偶然だが、「愛のコリーダ」裁判以前から、この方には個人的にご厚誼をいただいていた。牧神社時代に組合ができて、労働争議が起きたときに、お金をろくに払えないのに、顧問弁護士のようなお世話をいただいた。

社会派の弁護士として、富士見産婦人科事件などで名を博していたのに、労働組合をやや不利に導きさえする弁護をお願いしたのは、迷惑なことだったろう。その上、愛娘の交通事故でも、加害者との折衝に当たっていただいた。

「愛のコリーダ」裁判に必ず出かけ、法廷のすべてを傍聴したのは、アメリカの一九七〇〜八〇年代に起きた性革命の運動、それに引き続く女性解放運動（ウーマンズ・リブ）が、日本にも波及し、大きな世界的動きとして関心を持たざるを得なかったからである。

牧神社でも女性解放運動家（フェミニスト）などと協力し、二点の雑誌創刊を試みたが、どれもわずかな期間で廃刊にいたった。もののみごとに売れなかったのだ。性は直接感覚に結び付くことがないと、理念や理屈だけからはその実体にたどり着けず、社会運動の起爆剤やエネルギーになりにくかった。

この時期、個人的にもフランスのポルノグラフィ『イマージュ』（角川文庫）を翻訳した。作者は不詳だったが、本文語彙の特徴から見ると、明らかにロブ＝グリエだとわかった。バタイユの作品などに比較して、薄っぺらな内容だったが、まさに時代風潮だったのか、たくさん版を重ね、たしか八〇万部辺りまで重版したと記憶する。印税はすべて牧神社の運転資金につぎ込まれた。

翻訳は当時の日活で映画化され、日活ロマンポルノの一環として公開された。調布にあった同社の撮影所に見学に行き、監督やスタッフと会い、試写でもご一緒したが、映画自体も興味は湧かなかった。

また、角川書店の子会社だった富士見書房で、同類の「富士見ロマン文庫」の企画に呼び出され、主にイギリスのポルノを数冊ペンネームで訳した。厳格な道徳を強要したヴィクトリア朝のイギリスは、その種の作品の宝庫だった。

単調な翻訳作業に飽きたりすると、この作品は三島由紀夫調、こちらは川端康成調と遊び心を満たしたりした。ポルノグラフィもポルノ映画も、作品を支える理念が基本に据えられていないと、一時しのぎの娯楽、刹那的な感興に役立つだけである。

「愛のコリーダ」裁判の長い傍聴の結果は、裁判記録を整理し、一冊の本として編集した『わいせつの終焉』（美神館）にまとめ上げて出版した。法廷の書記による手書き文書は、膨大な量になり、文章も読みにくい。その記録を入手し、読み取り、印刷用の指定を赤ペンで書き込む作業は、原稿用紙やワープロ原稿とは大違いで、長い日時や手間がかかった。

最後に由良君美先生の話題に移らなければならない。

同氏の文章は「ユリイカ」誌などで、特異な海外文学や絵画の紹介・論評を読んでいたが、直にお話するのは平井翁の葬儀がきっかけだった。このとき初めて会ったが、暑い夏のさなか、片道二時間をかけて平井翁の葬儀に参列し、黒い正装に身を固めた姿で、広い寺の庭先に立ち尽くしていた。多くの参列者が、白い半袖のシャツに黒い腕章ですませていたのにである。

自己紹介すると、わけのわからない牧神社の献花が、「岩波書店より大きいですな、痛快、痛快」と笑った。オーソリティに与しない反骨の人柄を表していた。当時のお話では、若いころから平井翁を尊敬し、師事していたらしい。ここにも同臭の間柄があり、珍しい書籍の借り貸しがあったようだ。ただ、貸したのは由良先生側だったろうと思われた。

「ぼくが平井先生の弟子なら、君は孫弟子ですなあ」といわれた葬儀をきっかけにして、新たに密度の高い由良先生のご厚誼を受けることになる。自分にとっては、平井翁亡き後の僥倖というか、翁が残してくれたご縁だった。東大駒場にあった研究室に伺うこともあり、本郷での講義の帰るさに、本郷三丁目の会社によく寄っていただいた。

翁の葬儀は、別のご縁ももたらしてくれた。まだ若いころ、平井翁は戦時中の疎開を兼ねて、新潟県小千谷市の中学校で英語の先生をしていた。小千谷はかつて紬で知られた信濃川と山の小さな町で、街中を歩くと、詩人・西脇順三郎の大きな生家が、ひときわ目に立つ。

翁の葬儀の際に、遠路、式に出席していた教え子の方々と知り合い、由良先生と一緒に勧められるまま小千谷を訪れた。杉の木立に森閑と鎮まった神社があったが、その手前の掘立小屋が中学の先生時代の侘び住まいだった。

江戸時代の鈴木牧之が残した『北越雪譜』や『秋山記行』で有名な秋山郷に旅したいこともあり、それを好機に由良先生ともども地元の方々にご案内いただいた。

同氏のご尊父はドイツ観念論の哲学者・美学者由良哲次である。敗戦後、自ら出版に手を染めたが、そんなこともあってか、ご子息もちっぽけな牧神社などに興味を示したようだ。

太平洋戦争時代が終わりを迎えると、ドイツ観念論は多くの戦後日本の国民が忌み嫌うものとなった。自分のようなその時代を具体的に知らない世代が理解していたのは、奈良県出身の歴史哲学者、日本史家、美術史家であり、浮世絵蒐集家として高い知名度を誇っていたという事実でしかない。

余談だが、牧神社時代、印刷コストを抑えるために地方都市や海外（台湾）に仕事を発注することがよくあった。地方都市では、文化レベルの高い長野県の印刷屋さんへお願いすることが多かった。

印刷の工程で編集者が印刷屋さんに必ず出向かなければならない時期がある。校正の最終段階で行う出張校正である。まだ高速自動車道のできるはるかまえだったが、東京から日本海を結ぶ国鉄信越線は、途上に軽井沢、上田などがあるため、特急や急行の便がよかった。

たびたび長野市に出張するので、市近辺の名所旧跡にも詳しくなる。別に観光を目指したのではなかったが、出張校正で校正刷りを待つ時間が半日とか、一日近くなると、時間を有効に生かすために、近隣の名所旧跡へ足を伸ばすことになる。

長野県の小布施などもその一例だった。だから古くから小布施にある岩松院に立ち寄ることになる。この高名な古刹は、市の中心から山側に向かい、小林一茶の痩せガエルと結び付いた小池を脇にゆるい参道を登れば、たやすく辿りつける。

秋に行くと境内の大きな銀杏が葉を庭に敷き詰め、それを踏みしめながら、本堂に進む。観光客が押しかける目的は、本堂天井画「鳳凰図」、俗にいう「八方睨み鳳凰図」である。自分も本堂の畳の上に寝転がって、天井画をいくども鑑賞した。

この絵が江戸の画家、葛飾北斎の筆になると主張したのが、他ならない由良先生のご尊父由良哲次氏である。資料による具体的な理由は、読者に煩わしいだろうから略すが、それまで唱えられた高井鴻山説は、一挙に覆された。

由良哲次氏は奈良出身の富豪にして、浮世絵などのコレクターとして知られていたが、そんな話はご子息の由良先生に聞いたこともない。ご尊父亡き後、武蔵野市吉祥寺に大きな邸宅を建てられ、一度、お招きいただいたが、それ以降、お訪ねすることもないままお亡くなりになった。

ただ由良先生の門下生には俊秀が結集していた。高山宏、富山太佳夫、四方田犬彦氏など、先生亡き後、第一線で活躍した人材が育っていった。牧神社では富山氏の知人が手分けしてバークヘッド『恐怖小説史』の翻訳を刊行した。

しかしそれもつかの間、上述したように、一九七九年、牧神社は事実上の倒産によって、あっという間に消えて行った。それ以降の出来事は、すでに上に書き記したので、これ以上、繰り返すこともない。喜びも悲しみも短いようで長い、しかし密度の濃い六年間であった。

あとがき

わたしはかねて『本の透視図　その過去と未来』と題して、本の歴史を多面的な透視図のように記述してみたい無謀な考えに捉われていた。

本自体の歴史を書いたものは、いく種類もあるから、似たような編年体の構成では、類似品に終わってしまう。類例のない視野で本を捉え直さないと、コンピュータ・メディアが主流になり、特に最近、登場した電子ブックを含めて、語るべき本の姿が浮き上がらない。本の歴史の新しい意味も見えてこない。

たとえば本の始まりを語るとき、大部分の人がグーテンベルクを第一に口にする。「グーテンベルクから始まった五百年の本の歴史は……」といった決まり文句である。

そう語る人は、はたして彼の作った本を見ているのだろうか？　グーテンベルクから実際に年数を数えて五百年といっているのだろうか？　彼の『四二行聖書』を見て、現在、身の回りにある本の濫觴と心から思えるのだろうか？

もしグーテンベルクの印刷本を眺め、年数を脳裏で正確に計算すれば、そんなことは軽々しくいえないはずである。

近代の活字本の始まりからして、誤解と思える表現がまだ残っている。もしできるものなら、実態に即して、これまでなおざりにされた歴史の一齣とか、別の照明に照らし出した本の姿を浮き上がらせてみたかった。

といって、わたしは学究の徒でありたいと思わなかった。やや特殊な本や雑誌の編集・出版などにかかわる実践を十五年ほど経験したこと、それよりもっと長い歳月をかけて日本はもちろん、欧米の書籍に親しんできたことだけが、本について語りうるわずかな資格である。学者ではなかったが、本と本にまつわる現場は、出版実務に就くまえもあとも許されるかぎり手で触り、足を運び、自分の目で確かめる楽しみを重ねた。

たとえば十五世紀の終わりから翌世紀の初頭、イタリアに誕生した近代の本に関連する土地を歩き、できるだけ確かめた記述を原稿に取り入れた。

イタリアだけではない、フランスや日本の大手版元の倒産など、さまざまな会社を含めた出版社の栄枯盛衰を具体的に見てきた。たとえばパリの高名なＰＵＦ（Press Universitair de France）が行き詰まったできごとは、古い日記のページをめくらなくてもありありと思い起こすことができる。

イタリアへの旅は、同時に、なぜこの時代に本が勃興したのか、本を取り巻く広い環境や歴史という本の周辺にまで及んだ。

本来、本の歴史を語るとき、登場しそうにない土地やできごとや人物が、本書には数多く登場する。一見、無関係に見えながら、あるいは歴史では別の見え方だったのに、何らかの形で本の誕生や変貌や背景に関連する別の顔をして現れる。

常識では意想外な本書の描写は、ひとつの視点から見えてくる透視の光景であり、それぞれが目に見えない糸で本とつながって、意味を持ってくるはずである。

一例として、イタリアの本といえば、本書である程度詳しく書いた主役のアルドゥス・マヌティウス、同じ時代の風変わりな本の書き手ピエトロ・アレッティーノなど、これまで日本で詳しく書かれることの少なかった登場人物たちがいる。

アレッティーノの本は、少し偏った読書癖がないと、進んで読むこともないものだろう。ルネサンス期に特異な存在だった彼の本を少し読んでいたことが、同じ時代に始まった近代の本を知るうえで少しは役立った。

マヌティウスについては、彼の実績を具体的に確認しなければ、近代本の歴史は読み解けないし、まして電子ブックがなぜ二十一世紀になって登場するのかさえ理解できない。

数少ないアメリカ滞在時、ニューヨークの図書館やUCLAで開かれた五百年祭展示会が、イタリアとアメリカ、つまり出版とコンピュータの強いつながりを再確認させてくれた。本書を読了した人は、両者の結びつきが決して奇妙でないことをすでに知っているだろう。

別の例として、本の歴史には無縁そうなレオナルド・ダ・ヴィンチが登場する。ミラノでの彼の足跡を含め、ルネサンス期の錚々たる人物たちは、すでに三十余年まえから訪れたついでに調べ、そのときの結果がいまになって役立っている。

とりわけダ・ヴィンチと本といえば、語るべきことはせいぜい手稿本どまりだろうが、それ以外に本が電子ブックに変貌する段階で、思いのほか深いつながりを見せてくる。本こそルネサンスのもうひとつの顔として、ダ・ヴィンチと同時代に生き、遠い将来の本に歴史の影を投げかけているからである。

出版関連の仕事からドロップアウトして、わたしは何を狂ったかセミコンダクタやパーソナル・コンピュータやプログラミングに走った。一九八〇年代の初頭から、ときおりニューヨークに旅したことが、背中を押すきっかけになった。テッキーな若者だったら西海岸のシリコンヴァレーだったろうが、時代遅れのわたしはNYだった。

当時はまだ黒いモニターにグリーンの文字だけが表示される素朴なコンピュータだったが、高速の情報処理と通信を必要とするビジネス分野で、すでに積極的に導入され、ビジネスそのものを変えつつあった。個人レベルでもコンピュサーヴを使ってコンピュータ通信が盛んに行われ、単純なゲームやハッカー行為が行われていた。

身の回りの古い文学仲間には、怪訝な顔でしか見られなかった。文系人間でまだ若かった時期、パーソナル・コンピュータ環境がなかったから、ほとんどが白紙からの出発だった。マシンも一九八〇年代の半ばから、やっとIBM-PCや互換機やマッキントッシュの非力な初期製品が机上に乗ったばかりだった。

心の隅のどこかに、ドロップアウトした出版で燃えきらない残滓があったのかもしれない。もしかして紙の本より、もっと時代にかなったメディアだろうという想いもあった。最新のメディアとして台頭するコンピュータを使えば、本で果たせなかった何かを具体化できるかもしれない……。

といってもわたしは、タイムシェアリングの大型コンピュータで複雑な計算をした理系の学生ではなかったし、プログラミングの手法やコンピュータ・サイエンスの初歩さえ学ぶ環境にいなかった。仕方がないので、ＵＮＩＸマシン用の分厚い参考書でコマンド・コントロールの基礎から始めた。

それまでキーボードを叩いたのは、卒論のレジュメを書くイタリア製のタイプライタだけだった。もっともこのタイプライタのオリヴェッティが、のちのイタリアでコンピュータ会社になっていたが。

いずれにしろ、わたしは場ちがいの人間だった。たとえば、かつてコンピュータの草創期に立会い、大学でＩＢＭ製の大型コンピュータをまえにし、使い勝手が悪いと、みずからプログラムを書き換えて使いやすくしたＭＩＴの学生たち、本書に登場する先駆的なアメリカのハッカーやプログラマたちからほぼ二十年、あきれるほどの長い年月、遅れてきた人間だった。

いまさら学校に行けるわけもなく、上っ面の技術情報の紹介記事を書きながら、現場の技術者たちから実地に学ぶことにした。本末転倒だが、事前の下調べを行い、取材時にはさらに根掘り葉掘り訊き、現場を見て余計なことまで教えてもらった。補助的に当時のコンピュサーヴや国内版ニフティサーヴで技術者たちに質問して教えてもらった。

たしかに半導体やプログラミングや通信など、おおまかなデジタル技術の知識を現場で身につけた。けれど、技術者としてそれに精通したとはいえない。プログラムを書いても、たとえば金融機関の第三次オンライン、勘定系の開発プロジェクトに加われるわけではない。既存のパッケージソフトを下敷きに部分的なプログラム変更を加え、広報用のデジタル・メディアを制作するのが関の山だった。最終的には、3D-CGのアニメや実写映像などを統合した広報メディアの制作どまりだった。

ただ、一九九〇年前後、もう若くない世代としては、相当早くインターネット接続の環境を自前で作ることができた。訪ねて来た広告代理店の理系新卒社員がその環境を使ったアクセスの様子を見ながら、数千人の社員で自分がたぶん最初だろうとつぶやいたのを憶えている。数年もしないうちに、その会社は全社的なインターネット講習を行い、あっという間に巨大なネットワークとサイトを築き上げたが。

最初に見たインターネットは、たしか癌センターの英文サイトだった。画像が付くころになると、理系人間でない自分には、インターネットの表示がどこか本の一形態に見えた。早速HTMLのプログラミングを憶え、サイトを読み、自分でも作ってみたが、本文に書いたように本とは異質の側面を見出すことになる。

それと前後して、アメリカのエクスパンド・ブックがマック上で開発され、日本にも輸入された。本の編集や制作から身を引いていたが、本を読むことまでやめてはいなかった。当然、コンピュータを利用した電子ブックにも興味を引かれた。エクスパンド・ブックは、あのころ電子ブックと呼ばれるものの中で、コンピュータで読むもっとも優れた例だったといまでも思っている。ただしタイトル数はきわめて少なかったが。

もうひとつ、アメリカの一九六〇年代までさかのぼって、パーソナル・コンピュータに関連した技術や設計思想の実際を検証していたわたしは、当時、アメリカの若者が、コンピュータを紙の本に代わるメディアとして構想していた事実に突き当たった。

つまり、彼らの構想が、グーテンベルクではなく、イタリアなどで調べた近代の本の創始者アルドゥス・マヌティウスと直接結びついていたことに納得できたのである。

本書でも引用した「真にパーソナルなコンピュータは、アルドゥスの書物のようなものであるはずだった」というアラン・ケイのことばは、紙の本を拡張したものがコンピュータ上に甦ろうとしていることを意味していた。

オールドメディアのひとつと見なされていた紙の本、最先端のエレクトロニクスを体現した最新メディアのコンピュータ、この両者はけっして相反するものではなかった。後者が前者を基盤にしながら、新たなメディアとしてスタートしていたことを知ったのだ。

わたしはエクスパンド・ブックのオーサリング・ソフトや前出のマクロメディア・ディレクタやマック独特のハイパー・カードを使って電子ブックやデータベースを試作し、アメリカ版の日本語移植さえ試みた。新作として、文字と写真とアニメを組み合わせた電子ブックも作ってみた。残念ながら、当時の個人用コンピュータでは、誰でもが紙の本のように気安く手にし、読める環境にはなかった。

その間、パーソナル・コンピュータではなく、電子ブックを読む専用機器が、アメリカはもちろん国内で幾種類も発売され、PDAや電子辞書も同じ機能を搭載した。だが、結局、どれも未成熟のまま消えていった。

インターネットが徐々に普及する段階で、文字や写真を取り込んだ「拡張された本」、つまりHTMLで記述された本がインターネットとしてディスプレー上に現れ、電子ブックよりはるかにすばやく普及した。人々は電子ブックからも旧来の紙の本からもますます離れていった。電子ブックとして若い人たちに読まれたのは、結局、携帯電話の普及に便乗したケータイ小説やコミックだった。

それはもう電子ブックというには、お粗末極まりない、ただ文字を並べただけのものだった。作品を提供する出版社も、プラットフォームを提供するメガキャリアも、本や読書に配慮を欠いた粗悪な「電子ブック」だった。

ハードウエア・メーカーは本について無思慮、出版社はデジタル技術に不慣れのまま、思いつき程度で製品が売れればいいという安易な取り組みしかなかった。

にもかかわらず、紙の本の売れ行きが減少する中、かすかに電子ブックが上向き傾向を見せたため、不況にあえぐ出版社は電子メディアに希望の灯を見ていたらしい。それに世はデジタル時代、時流に乗り遅れたくない気持ちもあっただろう。

もう一方、検索エンジンで急成長し、マイクロソフトにさえ対抗するOSを持ち、先端のクラウド・コンピューティングも開発した新興企業グーグルが、「グーグル・ライブラリ計画」を打ち上げ、世界中の本のデジタル化で出版業界を危機に追いやろうとしていた。

コンピュータさえあれば、本の読者が無料で内容をチェックでき、格安の値段で本全体が読めるとなれば、とりあえず過去の紙の本や出版社などなくていい。

紙の本悲観論と電子ブック肯定論が急速度で接近したのは、アラン・ケイなどのコンセプトを持ったコンピュータ普及のおかげではない。むしろノート型コンピュータでさえ、電子ブックを読むプラットフォームとして、不便この上ない存在になっていた。

それより二〇〇七年になって、アメリカで発売した電子ブック専用のリーダーであるキンドルの登場が、大きな衝撃を出版業界に与えたからである。なにしろ本の通信販売で、驚異的な成長をはたし、日本市場を席捲してきただけに、電子ブックでも強力な販売力を発揮するにちがいないと思えたのだろう。

そのまえから電子ペーパーを搭載した類似の専用リーダーは、日本のソニーが国内市場用に投入していた。撤退に終わったのは、最終的に読みたい本が少ない読者の不満が専用リーダーの普及を妨げたせいである。

出版社が既存の本を電子本にすると、紙の本が売れなくなる。電子ブックはローコストだから、必然的に価格を紙の本より抑えなければならない。電子ブックにどこか積極的になれない出版社の迷いの姿勢が、電子ブック普及の足かせになっていた。

それからわずか数年、それでも日本の出版社を挙げて電子ブックになびいてしまった。

本の売り上げ低下が一線を越え、行き着くところさえ見極めにくい状況もあったが、なによりアメリカ市場でのキンドル好調、くわえて電子ブック市場を呑み込んでしまいそうなアイパッドの登場が、ふたたび出版社の電子ブック熱に油を注いだ。発売直後でさえ、数百万台という驚異的な売れ行きに驚かないはずがない。

日本の出版社は、どこか紆余曲折の揺れの果てに、電子ブックへ大挙して走った印象が強いのである。

それが上のような理由だとすれば、かなりおかしい短絡的発想にならないだろうか。なぜなら紙から電子ブックへの移行は、それほど単純な変化ではないからである。場合によっては本の持つ特性を塗り替えてしまうとか、一挙に偏ったものにしてしまう。

まして電子ブックがもたらす出版業界の変化は、単純に売り上げ増加に直結するとはかぎらない。出版社の立ち位置を根底からなきものにしてしまう可能性だって秘めている。

その辺の状況が見抜けないのは、電子ブックとリーダー自体がもつ機械としての構造、つまりはコンピュータの技術をよく知らなかったからではないか。機械と本の本質的な不適合性に気づかなかったせいだろう。

同時にイタリア・ルネサンス期の近代の本が、どのような特質を持って誕生し、どのように五百年の歴史を重ねたかに気を配らなかったせいだろう。時あたかも同じ時代に生きたダ・ヴィンチに対してさえ、電子ブックに関係する広い視野からの追究が欠けていた。

コンピュータはやっと二十世紀になって、アメリカでまとまった科学技術である。ダ・ヴィンチが科学精神の発端期にいたとすれば、本の誕生の翌世紀辺りから本格化した近代科学が、どのようにヨーロッパに広がり、どのように新大陸に移り、どう育ったのかも知る必要がある。

ダ・ヴィンチ以上に語られない事例だが、ヨーロッパの東端に近いハンガリーから、プロテスタント移民としてアメリカへ海を渡った小さな一団が、何気なく気にならないだろうか。「ハンガリー・マフィア」といわれ、コンピュータの原型、原子爆弾などを開発した有能なかれらの果たしたとてつもない役割が、興味を掻き立てないだろうか。

アメリカといえば、つい最近発売された電子ブック・リーダーの主役は、ソニー、アマゾン、アップルのいずれもアメリカの企業である。アメリカ一国の一私企業が電子ブックのプラットフォームを支配し、その上で動くアプリケーションを管理すること自体、出版社にとって大問題として意識されるべきではないか。

あるいはコンピュータ・メーカー（情報家電メーカー）が、出版という文化を呑み込んでしまう変革の時代の意味を捉え直すべきではないか。

最悪の場合、本来自由であるべき言論が、根底から揺さぶられる。そんな危機を日本の出版社は考慮に入れているのだろうか。

もし本書に特徴があるとすれば、出版文化と科学技術の相関関係、単なるソフトウエアを作るだけの出版とハードウエアを主体とするメーカーのコラボレーションの中で、やや抽象的、観念的な出版文化が主体性を保ちうるにはどうすべきか、五百年間の出版の具体的推移といった広範な視野、コンピュータが可能にした電子ブック以外の本というメディアの実体などに触れている点であろう。

それでも第1部に事例として取り上げた本の作品群が、あまりに個人の嗜好に偏っているという人がいた。正当な本の歴史にふさわしくない本だといいたげであった。だが、本書のあちこちにくりかえした先進のSF作家たちや尊敬すべき詩人マラルメや日夏耿之介などが予言した本の未来図、そのままを前半の第1部で事例としただけである。

もっとありのままをいえば、未来図というより、本自体の時代を問わない典型図でもあった。わたしたちの身辺にあふれ、数多くの読者が手にしている本の代表的なものだといってもいい。すでに十五〜六世紀以来、このような種類の本が連綿と読まれている。

さらにいえば、電子ブックが本を殺すというフランス人（フィガロ紙）の意見、アメリカ文化はフェイク（偽物）というイタリア人ウンベルト・エーコの見解など、電子ブックを根底からに問い直すような視点も結果的にたくさん記述することになった。

この本の原稿半分は、二〇〇八年の初め、電子ブックがまるで社会問題のように騒がしくなる数年ほど前、ほぼ書き上げていた。長い間、出版とコンピュータを生業にした人間として、「本が消える日」というテーマで、紙の本とデジタル・メディアの相関関係をはっきり見極めておきたかったからだ。

書き終えた直後、つまり本書の三分の二ほどを編集者にざっと見てもらったが、紙の本が消えるといったテーマの本を出版社が好意的に受け入れるはずがない。加えて本とコンピュータ、つまり文系文化と科学技術という異質なものの併置が、読者の興味を分散させる、本の関係で事例とした作品が特殊なものに偏っていると、彼らは暗に教えてくれた。

原稿の本意はそうではないと自分では思い、反論しようとしたが、予想外のできごとで自分から救急車を呼び、病院に担ぎ込まれるはめになった。原稿は本になることもなく、放置したままだった。

その後、タイミングよくアメリカ発の電子ブック・リーダーが出揃ったこともあり、それぞれの技術を含めた特性から電子ブックの見通し、出版としての問題などを具体的に書き加え、所期の目的を果たすことができた。

全体の記述がかなり大きな視野や、細部にわたる細かさを見せるが、紙の本と電子ブックの行く末を時代の趨勢として見極めたい人に読んでほしい。

エレクトロニクスを応用した電子ブックは、最終的には紙もディスプレーもない三次元立体映像のホログラフィになるか、全身を横たえるクラインの壺型体感装置になるか、脳に半導体チップを埋め込む脳型電子ブックになるか。

あなたはそこまでICと機械に支配されたデジタル読書を期待しているのだろうか。とすれば、エレクトロニクスが拡大する本の機能は、基本的に読書という行為とはそぐわぬものであり、単純な装置の紙の本が本質的に持っている無限の可能性、読書する人にもたらす豊穣な世界をあっさり捨ててしまうことになるだけであろう。

巻頭に引用したように、紙の書籍は「出発点」であり、「目的地」であり、「世界の眺め」であり、「世界の終わり」である。素材として自然に近い紙に文字を印刷し、閉じた形態で、五百年間を閲してきた本こそ、刻々と変わる電子機器よりはるかに時空を超える、かけがえないものということができそうである。

*

個人的なことだが、長い人生で原稿を書けと頼まれたのは、翻訳や解説は別にして、片手で数えるほどしかなかった。大概の場合、といってもときたまだが、自分のために自発的にワープロのキーをたたくだけだった。

作文はうまくなかったし、書いて楽しいこともなかった。だから今回、本書の出版でお世話になった国書刊行会編集部の礒崎純一さんに個人的な「回想」を加えろといわれたとき（「編集者の極私的な回想」）、驚天動地で暗闇をさまよう始末だった。

いずれにしろ本文も含めて一冊の本として出版できたのは、同氏のおかげである。かつて早熟な高校生として思潮社や牧神社の本を読んだであろう縁がいまにまでつながっているのは、貧しい人生を閉じようとしている筆者には慶賀としかいいようがない。末尾になったが、深くお礼を申し上げたい。

菅原孝雄

著者略歴＊菅原孝雄（すがわら　たかお）
1940年生まれ。著書に『デジタルメディアのつくりかた』『デジタル生活50の超絶技法』『狭間に立つ近代文学者たち』『泉鏡花と花』他。訳書に『イマージュ』『娘たちの学校』他。

本《ほん》の透視図《とうしず》——その過去《かこ》と未来《みらい》

二〇二二年一一月一二日初版第一刷印刷
二〇二二年一一月二二日初版第一刷発行

著　者　菅原孝雄
発行者　佐藤今朝夫
発行所　株式会社国書刊行会
東京都板橋区志村一―一三―一五
電話〇三（五九七〇）七四二一　ＦＡＸ〇三（五九七〇）七四二七
http://www.kokusho.co.jp
印　刷　藤原印刷株式会社
製　本　株式会社ブックアート
装　丁　中島かほる
ISBN 978-4-336-05543-9